2021

800 BLAGUES DE TOTO

DEUX COQS D'OR

Textes : Pascal Naud, Virgile Turier
Illustrations : Gyom, Fabrice Mosca, Matthieu Roda, Mouk
Illustrations BD Toto : Pierre Fouillet
Illustrations de la couverture : Fabrice Mosca

Directrice : Sarah Kœgler-Jacquet
Directrice de projets : Sandra Berthe
Éditrice : Elsa Hug
Graphiste : Mylène Gache
Fabrication : Morgane Lajeunesse

Suivi éditorial : Mathilde Ricciardelli
Maquette : Florent Salaün
Lecture-correction : Agnès Sciclunа

LA CHARADE DE TOTO

Mon premier est la onzième lettre de l'alphabet.
Mon deuxième est la première note de musique d'une gamme.
Mon troisième est le contraire de sous.
Mon quatrième est indispensable pour se brancher à l'électricité.
Mon tout fait toujours plaisir.

Cadeau surprise (K-do-sur-prise).

LE MONSIEUR/MADAME DE TOTO

Monsieur et Madame HISSE ont un fils, comment s'appelle-t-il ?

Paul (police).

La maîtresse demande à Toto : « Toto pourrais-tu me dire ce qu'est un oiseau migrateur ?
– Oui m'dame, c'est un oiseau qui se gratte que d'un seul côté ! »

LE COMBLE DE TOTO

Quel est le comble de la patience ?

Trier des petits pois avec des gants de boxe.

LA DEVINETTE DE TOTO

Qu'est-ce qui grossit, mais ne prend jamais de poids ?

La loupe.

Toto a de très mauvaises notes en calcul. Son père lui demande :
« Si tu as six oranges et que tu en ajoutes une, ça fait combien d'oranges ?
– Je ne sais pas, à l'école on compte toujours avec des pommes ! »

LE MONSIEUR/MADAME DE TOTO

Monsieur et Madame GATTOR ont un fils, comment s'appelle-t-il ?

Ali (alligator).

LA CHARADE DE TOTO

Mon premier est la dixième lettre de l'alphabet.
Mon deuxième est un animal des égouts.
Mon troisième brûle dans la cheminée.
Mon tout est un animal.

Girafe (J-rat-feu).

QUI SUIS-JE ?

Placée sous les pieds
je prête à rire.
Placée entre les doigts,
je permets d'écrire.
Je sers d'ornement,
mais m'envole au gré
du vent. Qui suis-je ?

La plume.

Une souris dit à un éléphant qui prend son bain :
« Tu veux bien sortir de l'eau ? »
L'éléphant obéit.
La souris s'exclame :
« Ça va, j'ai cru que tu m'avais piqué mon maillot ! »

Toto dessine des drapeaux avec ses feutres.
« Et le bleu-blanc-rouge, c'est quel pays ? demande sa maman.
– Le foot ! » répond joyeusement Toto.

QUI SUIS-JE ?

Je suis une maison sans fenêtres ni portes. Qui suis-je ?

Un œuf.

LE COMBLE DE TOTO

Quel est le comble pour un menuisier ?

Se faire payer avec un chèque en bois.

HAHAHA !

Toto reçoit un boomerang tout neuf. Il s'empresse de jeter le vieux. Il le jette une fois, deux fois, trois fois...

LE COMBLE DE TOTO

Quel est le comble pour un jardinier ?

Se prendre un râteau.

QUI SUIS-JE ?

Je ne suis pas un bateau, pourtant
tu regardes par mon hublot.
Si dehors il fait beau,
la tempête est dedans !
Qui suis-je ?

La machine à laver.

QUI SUIS-JE ?

J'ai des feuilles, mais
je ne suis pas un arbre.
J'ai une couverture,
mais je ne suis pas un lit.
Qui suis-je ?

Un livre.

LA DEVINETTE DE TOTO

Qu'est-ce qu'une cerise qui a la chair de poule ?

Une framboise.

LA CHARADE DE TOTO

Mon premier est un équidé.
Mon second est synonyme de nouer.
Mon tout porte une armure.

Chevalier (cheval-lier).

Toto raconte à son copain Benjamin que sa petite sœur de six mois pleure beaucoup la nuit.
« Ta maman n'a jamais essayé de lui chanter une berceuse, pour l'endormir ?
– Oh, si ! Mais les voisins sont venus dire qu'ils préféraient entendre le bébé pleurer ! »

HAHAHA !

LA CHARADE DE TOTO

Mon premier est une céréale.
Mon deuxième donne le départ.
Mon troisième se boit au petit déjeuner.
Mon quatrième se fête le 26 septembre.
Mon cinquième est premier.
Mon sixième n'est pas moche.
Mon septième est bien appris.
Mon tout est une expression signifiant une franche rigolade.

Rigoler comme un bossu (riz-go-lait-Côme-un-beau-su).

LE COMBLE DE TOTO

Quel est le comble quand on s'appelle Noël ?

Être né un 25 décembre.

Toto arrive tout content à l'école et dit à sa maîtresse : « Madame, mon petit frère est né hier !
– Ah ! Et comment s'appelle-t-il ?
– On ne sait pas, il ne parle pas encore ! »

HAHAHA !

Toto vient de visiter une ferme. Il dit à son père en rentrant à la maison :
– Papa, j'ai vu des cochons qui parlent comme toi quand tu dors !

LA DEVINETTE DE TOTO

Quel chiffre ne sert pas beaucoup ?

Le 9 (neuf).

LE MONSIEUR/MADAME DE TOTO

Monsieur et Madame CONDA ont une fille, comment s'appelle-t-elle ?

Anna (anaconda).

LE MONSIEUR/MADAME DE TOTO

Monsieur et Madame PALDIRE ont un fils, comment s'appelle-t-il ?

José (j'osais pas l'dire).

QUI SUIS-JE ?

Nous sommes de trois familles différentes. Nos activités favorites consistent à déchirer, couper et écraser. Pourtant, nous naissons blanches comme neige. Qui sommes-nous ?

Les dents.

LA DEVINETTE DE TOTO

Deux ouvriers qui travaillent sur la tour Eiffel ont oublié leur mètre. À quelle hauteur sont-ils ?

Ils sont à 200 mètres (à deux sans mètre).

Toto discute avec son ami :
« Cette année, Noël tombe un vendredi.
– J'espère que ce sera pas un vendredi 13. »

Un homme très musclé entre dans un café et dit :
« Un chocolat chaud, sinon... »
Le serveur prend alors peur, et il lui sert son chocolat chaud.
Cela dure toute la semaine, et le serveur décide finalement de ne plus se laisser faire.
Un matin, l'homme musclé arrive et dit à nouveau :
« Un chocolat chaud, sinon...
– Sinon quoi ?!!!
– Sinon, un jus d'orange ! »

LE COMBLE DE TOTO

Quel est le comble pour un roi ?

Avoir mal au palais !

LE COMBLE DE TOTO

Quel est le comble pour un boulanger ?

Se faire rouler dans la farine.

LA CHARADE DE TOTO

Mon premier est une voyelle.
Mon deuxième est une dent d'animal sauvage.
Mon troisième est utile au baseball.
Mon tout est un artiste de cirque.

Acrobate (a-croc-batte).

QUI SUIS-JE ?

Je suis une plaisanterie très utilisée en cuisine. Qui suis-je ?

La farce.

LE MONSIEUR/MADAME DE TOTO

Monsieur et Madame HUITOMBÉLALUNESELÈVE ont un fils, comment s'appelle-t-il ?

Allan (à la nuit tombée, la lune se lève).

LA DEVINETTE DE TOTO

Quel animal nourrit sa voiture ?

La chèvre, elle nourrit son cabri au lait.

hihihi !

LA DEVINETTE DE TOTO

Pourquoi ne faut-il jamais découper de la saucisse en six rondelles et les jeter à la poubelle en hiver ?

Parce que les six rondelles reviennent au printemps !

LE MONSIEUR/MADAME DE TOTO

Monsieur et Madame PROVISTE ont un fils, comment s'appelle-t-il ?

Alain (à l'improviste).

« Plus tard, je voudrais être maître-nageur sur la plage !
– D'accord, Toto, mais que feras-tu l'hiver ?
– Bah ! Je serai plongeur, dans un restaurant. »

LE COMBLE DE TOTO

Quel est le comble de la confiance en soi ?

Manger des spaghettis bolognaise en chemise blanche.

LE COMBLE DE TOTO

Quel est le comble pour un médecin ?

Examiner un crayon pour voir s'il a bonne mine.

LA CHARADE DE TOTO

Mon premier est un liquide fruité.
Mon deuxième est égal à 3,14.
Mon troisième est le nom de notre planète.
Mon tout fait partie du Système solaire.

Jupiter (Jus-pi-Terre).

Toto et son papa sont arrêtés à un feu rouge.
Toto dit à son papa : « C'est vert. »
Pas de réponse. Toto répète : « C'est vert. »
Toujours pas de réponse.
Toto insiste :
« Je te dis que c'est vert ! »
Son papa répond enfin en soupirant :
« Mais, je ne sais pas moi, une grenouille ? »

QUI SUIS-JE ?

J'ai trois aiguilles, mais je ne peux pas tricoter. Qui suis-je ?

Une montre.

Un cuisinier dit à son apprenti : « Et maintenant, plus aucun bruit, la pâte à crêpes repose ! »

LE MONSIEUR/MADAME DE TOTO

Monsieur et Madame DUZIEL ont cinq filles, comment s'appellent-elles ?

Betty, Baba, Noëlle, Candide et Sandra (petit Papa Noël, quand tu descendras du ciel).

LA DEVINETTE DE TOTO

Quelles sont les quatre lettres que les parents disent le plus et que les enfants n'écoutent pas ?

OBIC (obéissez).

LE COMBLE DE TOTO

Quel est le comble pour un opticien qui fait du cheval ?

Changer de monture.

HAHAHA!

HAHAHA!

HAHAHA !

« Mais Toto, ton parapluie est plein de trous !
– Oui je sais ! C'est pour savoir s'il pleut ou pas ! »

En sortant de chez lui, Toto croise son voisin, très énervé :
« Dis donc, Toto, tu ne m'as pas entendu frapper contre le mur de ta chambre, cette nuit ?
– Non, m'sieur, mais ne vous inquiétez pas, vous ne m'avez pas dérangé parce que moi aussi, je faisais pas mal de bruit ! »

LE COMBLE DE TOTO

Quel est le comble pour un clou ?

Être complètement marteau.

La maîtresse demande à Toto :
« Qu'as-tu fait pendant les vacances ?
– Pas grand-chose. En tout cas, sûrement pas de quoi faire une rédaction. »

QUI SUIS-JE ?

Je monte et descends en même temps.
Qui suis-je ?

Un escalier.

LA CHARADE DE TOTO

Mon premier est une petite bête qui saute sur le dos des chiens.
Mon second est la forme de la tête de Toto.
Mon tout grimpe sur les rosiers.

Puceron (puce-rond).

LA DEVINETTE DE TOTO

Pourquoi les laboureurs sont toujours très gentils entre eux ?

Parce qu'ils sèment beaucoup.

LE COMBLE DE TOTO

Quel est le comble pour un magicien ?

Oublier sa baguette chez le boulanger.

En classe :
« Toto, si tu as dix-huit bonbons et que Clara t'en prend la moitié, combien t'en reste-t-il ?
– Hein ? Qu'elle essaie, pour voir ! »

La maîtresse est indignée :
« Mais, Toto, tu copies ton problème sur ton voisin ?
– Non, m'dame, je ne copie que la solution ! »

En classe :
« Toto, pourquoi les requins vivent-ils dans l'eau salée ?
– Euh… parce que le poivre les fait éternuer ? »

LA DEVINETTE DE TOTO

Que faut-il mettre de côté pour en avoir devant soi ?

De l'argent !

LE MONSIEUR/MADAME DE TOTO

Monsieur et Madame RASÉ ont un fils, comment s'appelle-t-il ?

Moussa (mousse à raser).

LA DEVINETTE DE TOTO

Qu'est-ce qui tombe sans jamais se faire mal ?

La nuit.

LA CHARADE DE TOTO

Mon premier ordonne de se taire.
Mon second est une planète à anneaux.
Mon tout s'entend sur les plateaux de cinéma.

Silence, ça tourne (silence-Saturne).

QUI SUIS-JE ?

Je n'ai ni pattes, ni ailes, ni yeux, ni mains, je ne rampe pas, je ne nage pas, mais je m'enfuis dès qu'on me touche.
Qui suis-je ?

Le savon.

HAHAHA !

Demain, canicule, annonce-t-on à la radio. Il fera au moins 39 °C à l'ombre. « Tu as entendu, Arthur, dit Toto, demain, il vaudra mieux ne pas rester à l'ombre ! »

LE MONSIEUR/MADAME DE TOTO

Monsieur et Madame ZORE ont un fils, comment s'appelle-t-il ?

Dino (dinosaure).

QUI SUIS-JE ?

Je fais de l'air et, si on m'ajoute un pou, je chasse les oiseaux.
Qui suis-je ?

L'éventail (éPOUvantail).

HAHAHA !

À table :
« Toto, mange ta soupe !
– Mais j'aime pas la soupe, maman !
– Avec tout le mal qu'on se donne… tu pourrais faire semblant de l'aimer !
– Ben, je préfère faire semblant de la manger ! »

LA DEVINETTE DE TOTO

Quel est le point commun entre un portable déchargé et un judoka ?

Les deux cherchent une prise.

LA CHARADE DE TOTO

Mon premier coupe les troncs d'arbres.
Mon deuxième est au milieu du visage.
Mon troisième tient la grand-voile d'un bateau.
Mon tout sent le pop-corn.

Cinéma (scie-nez-mât).

LA DEVINETTE DE TOTO

Quelles sont les villes de France qui, ensemble, donnent un total de 21 ?

Troyes, Foix, Sète (3 x 7 = 21).

LE COMBLE DE TOTO

Quel est le comble pour un pâtissier ?

Utiliser une photocopieuse pour faire un mille-feuille !

hihihi !

Le médecin, à une crevette qui ne se sent pas très bien : « Bon... Décortiquez-vous, je vais vous ausculter ! »

LE MONSIEUR/MADAME DE TOTO

Monsieur et Madame COVERT ont un fils, comment s'appelle-t-il ?

Harry (haricot vert).

LA DEVINETTE DE TOTO

Comment appelle-t-on une pierre qui dit bonjour ?

De la pierre polie.

QUI SUIS-JE ?

Hier je coulais, aujourd'hui je flotte, demain je fondrai. Qui suis-je ?

Un glaçon.

« Toto, quelle est la spécialité de la ville d'Agen ?
– Les agendas ! »

Toto visite un vieux manoir avec sa famille. Celui-ci est plein de toiles d'araignées et le plancher grince. Toto, curieux, ouvre un placard et trouve un squelette.
Il s'exclame alors :
« Alors lui, il a gagné le premier prix de cache-cache ! »

LA CHARADE DE TOTO

Mon premier est dans le poisson.
Mon deuxième est la sienne.
Mon troisième est parfois de gouttière.
Mon quatrième mélange les ingrédients dans sa casserole.
Mon tout est une phrase prononcée par une victime de guilis.

Arrête, sa chatouille ! (arrête-sa-chat-touille).

« Tiens, ma montre est arrêtée ! Je crois qu'elle a besoin d'un nettoyage !
– Pas la peine, papa ! Je l'ai fait tomber dans la baignoire hier soir ! »

LE COMBLE DE TOTO

Quel est le comble de la diplomatie ?

Réconcilier des œufs brouillés.

hihihi !

LA CHARADE DE TOTO

Mon premier est le bruit d'un coup de feu.
Mon deuxième se produit pendant l'orage.
Mon troisième pousse dans la forêt.
Mon tout est un fruit acide.

Pamplemousse (pan-pleut-mousse).

LE COMBLE DE TOTO

Quel est le comble pour un dinosaure ?

Avoir des faux cils (des fossiles).

Sur le quai, une maman tortue dit à son petit : « Ne t'éloigne pas trop, le train passe dans deux heures ! »

LE MONSIEUR/MADAME DE TOTO

Monsieur et Madame SANFRAPER ont un fils, comment s'appelle-t-il ?

André (entrer sans frapper).

LA DEVINETTE DE TOTO

Qu'est-ce qui est vert et qui saute de branche en branche ?

Un chewing-gum collé au slip de Tarzan.

QUI SUIS-JE ?

Je commence par un « E », je finis par un « E » et je ne contiens qu'une seule lettre.
Qui suis-je ?

L'enveloppe.

LE COMBLE DE TOTO

Quel est le comble pour une clé ?

Être mise à la porte.

HAHAHA !

Deux abeilles discutent :
« Comment ça va avec ton copain ?
– On s'est séparés : il m'a offert des fleurs !
J'ai horreur qu'on me rappelle le boulot. »

QUI SUIS-JE ?

J'ai des rayons qui n'éclairent pas.
Qui suis-je ?

Une roue de vélo.

LA DEVINETTE DE TOTO

Quel animal mange avec sa queue ?

Tous. Aucun ne l'enlève pour manger !

LA CHARADE DE TOTO

Mon premier est la dix-neuvième lettre de l'alphabet.
Mon deuxième est un bus avec une soute à bagages.
Mon troisième signifie « aller » en anglais.
Mon tout est un petit animal qui bave.

Escargot (S-car-go).

Toto s'est lié d'amitié avec un petit écureuil. Il le promène partout, même en vélo. Un jour, un policier l'arrête :
« Tu sais, Toto, je pourrais te donner une amende pour rouler sans casque !
– Vous n'auriez pas plutôt une noisette, pour mon écureuil ? »

LE COMBLE DE TOTO

Quel est le comble pour un boulanger ?

Être dans le pétrin.

hihihi!

HAHAHA!

Toto aimerait apprendre l'espagnol. Il ouvre donc un dictionnaire et tombe, par hasard, sur le mot *planchar*, qui signifie « repasser ». Il se dit alors : « Oh ! C'est facile, l'espagnol ! Planchar-repasser ! »

LE COMBLE DE TOTO

Quel est le comble du papier toilette ?

Être au bout du rouleau.

LA CHARADE DE TOTO

Mon premier précède tu.
Mon deuxième n'est pas plein.
Mon troisième fait la liaison.
Mon quatrième n'est pas bas.
Mon tout se joue sur console, mais ne console pas toujours.

Jeu vidéo (je-vide-et-haut)

HAHAHA!

LA CHARADE DE TOTO

On s'embrasse au jour de l'An
sous mon premier.
Mon second n'est pas tôt.
Mon tout est un instrument à cordes.

Guitare (gui-tard).

LE MONSIEUR/MADAME DE TOTO

Monsieur et Madame COPTAIRE ont un fils, comment s'appelle-t-il ?

Élie (hélicoptère).

LE COMBLE DE TOTO

Quel est le comble pour un dentiste ?

Avoir peur des bouches... de métro.

LA DEVINETTE DE TOTO

Pourquoi Toto met-il des pétards sous les crêpes à la Chandeleur ?

Pour les faire sauter !

« Maman, j'ai attrapé un rhume ! dit un garçon à sa maman.
– Va tout de suite le rendre ! »

LA CHARADE DE TOTO

Mon premier habille l'oreiller.
Mon deuxième est une trace au sol.
Mon troisième soutient la voile du navire.
Tu te mets en mon quatrième quand tu sors à l'école.
Mon tout est ce que tu dis à un copain pas drôle.

T'es pas marrant (taie-pas-mât-rang).

LE MONSIEUR/MADAME DE TOTO

Monsieur et Madame ORAK ont une fille, comment s'appelle-t-elle ?

Anne (anorak).

QUI SUIS-JE ?

Pour un oui ou un non, je m'entrouvre. Qui suis-je ?

La bouche.

Un avaleur de sabre entre dans une mercerie :
« Bonjour, je voudrais des aiguilles, s'il vous plaît.
– Bien sûr, que voulez-vous coudre ?
– Non, c'est pour faire un régime. »

LE MONSIEUR/MADAME DE TOTO

Monsieur et Madame MENTATION ont un fils, comment s'appelle-t-il ?

Ali (alimentation).

LE COMBLE DE TOTO

Quel est le comble pour une sorcière ?

Avoir des doigts de fée.

Toto a un coup de cœur pour la correspondante anglaise de sa sœur. Après un moment, il se décide à l'accoster et lui dit : « Je serais très heureux d'avoir un rendez-vous avec toi demain. » L'Anglaise lui répond alors : « With you ? Never ! » Toto réplique : « D'accord ! Never, never et demi ? »

LE COMBLE DE TOTO

Quel est le comble pour un opérateur téléphonique ?

Déclarer forfait.

hihihi !

Une petite fleur dit à son père :
« Comme tu es grand !
– Oui ma petite,
prends-en de la graine ! »

LA DEVINETTE DE TOTO

Quel est le dessert préféré des pompiers ?

La crème brûlée.

QUI SUIS-JE ?

Je pleure quand on me tourne la tête. Qui suis-je ?

Le robinet.

hihihi !

LA CHARADE DE TOTO

Mon premier est le bébé de la biche.
Mon deuxième n'est pas tard.
Mon troisième est le cri de la vache.
Chut ! Toto a peur de mon tout !

Fantômes (faon-tôt-meuh).

Toto joue du violon. Un invité de ses parents demande :
« Qui est son professeur ?
– Personne, il a appris tout seul ! »
– Ah ? Ça fait toujours un coupable de moins !

hihihi !

hihihi !

LE COMBLE DE TOTO

Quel est le comble pour un patrouilleur d'autoroute ?

Tomber dans le panneau.

LA DEVINETTE DE TOTO

Qu'est-ce qui a deux bosses et qu'on trouve au pôle Nord ?

Un chameau qui s'est perdu !

LE MONSIEUR/MADAME DE TOTO

Monsieur et Madame TINE ont un fils, comment s'appelle-t-il ?

Clément (clémentine).

LA CHARADE DE TOTO

Mon premier se situe entre je et il ou elle.
Mon deuxième imite la vache.
Mon troisième a des ailes et une baguette magique.
Mon quatrième est le propre de l'homme.
Mon tout est ce que tu dis à une copine blagueuse.

Tu me fais rire (tu-meuh-fée-rire).

À l'école :
« Et toi, Toto, quel est le travail de tes rêves ?
– Vous savez, madame, dans mes rêves, je ne travaille pas. »

Les parents de Toto emmène ce dernier choisir un chien dans un refuge.
« Vous pouvez prendre ce chien en toute confiance, dit le gérant. Il est très fidèle. C'est la troisième fois qu'il est adopté et il est toujours revenu ! »

La maman de Toto s'étonne : « Tu as eu 10 en maths ? Comment as-tu fait ? – Facile ! J'ai rajouté un 1 devant le 0 ! »

QUI SUIS-JE ?

Quand on a besoin de moi, on me jette. Dès que je ne sers plus, on me récupère. Qui suis-je ?

L'ancre.

« Papa ! Aujourd'hui, j'ai fait une super bonne action !
– Ah bon ? Laquelle ?
– Eh bien, Benjamin avait mis une punaise sur la chaise de la maîtresse, et quand elle a voulu s'asseoir, j'ai enlevé la chaise. »

LE COMBLE DE TOTO

Quel est le comble pour un couvreur ?

Qu'on lui parle de toi (toit).

LE MONSIEUR/MADAME DE TOTO

Monsieur et Madame JAVEL ont une fille, comment s'appelle-t-elle ?

Aude (eau de Javel).

QUI SUIS-JE ?

Si je suis chaud,
c'est que je suis frais.
Qui suis-je ?

Le pain.

La maîtresse demande à Toto de conjuguer le verbe marcher au présent. Toto lui répond lentement, en hésitant :
« Je marche... tu marches... il marche... nous... »
La maîtresse lui demande d'aller plus vite. Alors Toto lui répond :
« Je cours, tu cours, il court... ! »

Toto reçoit son livret de notes, et, peu après, son père demande à le voir à son tour :
« Toto ! Je pourrais voir ton carnet de notes, s'il te plaît ?
— Non ! Il est comme un oignon de toute façon !
— Comment ça ?
— Tu l'ouvres et tu pleures ! »

HAHAHA !

LA CHARADE DE TOTO

Mon premier porte les voiles d'un bateau.
Mon deuxième est compris entre 1 et 3.
Mon troisième se boit au petit déjeuner.
Mon quatrième se fait avec les lacets de chaussures.
Mon tout est un petit gâteau.

Madeleine (mât-2-lait-nœud).

LA DEVINETTE DE TOTO

Quelle est la coiffure préférée des juments ?

La queue de cheval !

LA DEVINETTE DE TOTO

Comment appelle-t-on un rat sans queue ?

Un raccourci.

HAHAHA !

Toto, malade, se secoue dans tous les sens.
Sa mère lui demande pourquoi. Toto lui répond :
« Je viens de voir que la notice dit "secouer avant emploi" donc je rattrape le coup en mélangeant le sirop ! »

LA CHARADE DE TOTO

Mon premier est une première lettre.
Mon deuxième aussi.
Mon troisième n'est plus vivant.
Mon quatrième est deuxième.
Mon cinquième se fait pilaf.
Tu dis mon sixième quand
tu revois quelqu'un.
Mon tout est ce que tu peux dire
en déchiffrant cette charade.

Ha, ha, mort de rire !
(A-A-mort-deux-riz-re).

LE MONSIEUR/MADAME DE TOTO

Monsieur et Madame ASSIN ont un fils, comment s'appelle-t-il ?

Marc (marcassin).

HAHAHA !

Un voleur s'introduit dans la maison de Toto. Il prend la télévision, les bijoux, l'argent… Lorsqu'il s'apprête à partir, la petite voix de Toto lui demande : « Monsieur, pourriez-vous prendre mon bulletin scolaire aussi ? »

LE COMBLE DE TOTO

Quel est le comble pour un dessinateur en retard dans sa livraison de commande ?

Mettre la gomme !

« Dis papa, demande Toto, tu sais quel animal a le plus de dents ?
– Bien sûr, c'est le requin.
– Pas du tout !
C'est la petite souris ! »

LA DEVINETTE DE TOTO

Pourquoi les Martiens ne renversent-ils jamais de café sur la table ?

Parce qu'ils ont des soucoupes !

En pleine nuit, Toto se lève de son lit, les bras tendus et se dirige vers la cuisine. Sa mère, qui n'est pas couchée, lui dit : « Arrête de jouer les somnambules… Ton père a fini les chocolats ! »

La maman de Toto discute avec une autre maman à la sortie de l'école : « Votre fils Toto apprend à jouer du piano, votre fille apprend le trombone et votre mari apprend le chant, c'est merveilleux ! Et vous, qu'apprenez-vous ?
– À supporter le bruit… »

LE MONSIEUR/MADAME DE TOTO

Monsieur et Madame MAGNE ont un fils, comment s'appelle-t-il ?

Charles (Charlemagne).

HAHAHA !

hihihi !

LA DEVINETTE DE TOTO

Qu'est-ce qu'un chiffre neuf entouré d'un ruban au printemps ?

Un neuf de Pâques !

La maîtresse demande à Toto, qui n'est pas bien réveillé : « Combien font 1 fois 1 ?
– Hein ?
– Très bien Toto ! »

LE COMBLE DE TOTO

Quel est le comble pour un livre ?

Ne pas être à la page.

Alors que Toto rentre de la patinoire, où il a passé l'après-midi, sa maman demande :
« Alors, c'était comment la patinoire ?
— Pff... Elle était même pas noire, c'était une pati... blanche. »

QUI SUIS-JE ?

Je suis noir, je deviens rouge, je finis gris.
Qui suis-je ?

Un morceau de charbon.

Dans l'avion, un homme qui revient des toilettes est rouge de colère et le fait savoir à Toto qui lui a pris sa place côté hublot.
« Ben quoi ? répond Toto, je pensais que vous étiez descendu. »

LA CHARADE DE TOTO

Mon premier est un champignon comestible.
Ma deuxième est première.
Mon troisième n'est pas dur.
Ma quatrième est la même que ma deuxième.
Mon cinquième soutient la voile du navire.
Mes sixièmes se jouent sur un plateau.
Mon tout est ce que Toto répond quand sa maîtresse l'accuse d'une bêtise.

C'est pas moi, madame !
(Cèpe-A-mou-A-mât-dames.)

hihihi !

LE MONSIEUR/MADAME DE TOTO

Monsieur et Madame FRAICHI ont une fille, comment s'appelle-t-elle ?

Sarah (ça rafraîchit).

« Veux-tu aller te laver la figure, Toto !
Ta tante ne voudra jamais t'embrasser si tu restes barbouillé comme ça !
– Eh, justement ! »

hihihi !

Toto promène son chien qui « marque son territoire » contre un grand lampadaire. Toto soupire : « Dire que quand il était petit, il faisait pipi contre une lampe de poche ! »

LA DEVINETTE DE TOTO

Qu'est-ce qui fait « Zzb Zzb Zzb » ?

Une abeille qui marche à reculons.

Toto en a assez de répondre au téléphone pour ses parents. Un soir, le téléphone sonne…
« Allô, je suis bien chez les parents de Toto ?
– Ah non, désolé, monsieur, c'est une erreur. Ici, nous n'avons pas le téléphone ! »
Et il raccroche.

QUI SUIS-JE ?

On m'entend, mais on ne me voit pas. Qui suis-je ?

La voix.

LA CHARADE DE TOTO

Mon premier sert à lancer des flèches.
Mon deuxième compte 365 jours.
Mon troisième est au-dessus de ta tête.
Toto fait un vœu quand il voit mon tout.

Arc-en-ciel (arc-an-ciel).

En plein cours à l'école :
« Toto ! On ne joue pas en travaillant !
– Mais madame, je ne travaille pas ! »

LA DEVINETTE DE TOTO

Que fait un hibou vexé ?

Hiboude !

LE MONSIEUR/MADAME DE TOTO

Monsieur et Madame ATE ont un fils, comment s'appelle-t-il ?

Tom (tomate).

« Dis papa, demande Toto, tu sais quel est l'animal le plus sourd au monde ?
— Bien sûr, ce sont les reptiles ou les poissons.
— Pas du tout ! C'est la grenouille parce qu'elle dit toujours : "Quoi ? Quoi ?" »

QUI SUIS-JE ?

Je change tout au long de l'année mais je peux être fixée. Qui suis-je ?

La date.

LE COMBLE DE TOTO

Quel est le comble pour un chat et un tigre ?

D'être félins pour l'autre.

LA CHARADE DE TOTO

Mon premier est Eiffel ou de Pise.
Mon deuxième peut-être marin ou de cravate.
Mon troisième n'est pas le plafond.
Toto a offert mon tout à sa maman pour son anniversaire.

Tournesol (tour-nœud-sol).

LE COMBLE DE TOTO

Quel est le comble pour une pièce de monnaie ?

Perdre la face.

La maîtresse interroge Toto :
« Dis Toto, pourquoi les vaches ferment-elles les yeux pendant la traite de lait ?
– Pour faire du lait concentré, madame ! »

LA DEVINETTE DE TOTO

Pourquoi les hippopotames ont-ils les pattes rondes ?

Pour sauter avec grâce de nénuphar en nénuphar.

Toto va voir sa maman :
« J'ai deux nouvelles à t'annoncer.
– Commence par la bonne, Toto.
– Non, c'est deux mauvaises. »

Toto veut s'engager dans la marine :
« Savez-vous nager ? lui demande le capitaine.
– Pourquoi, vous n'avez plus de bateaux ? »

LE COMBLE DE TOTO

Quel est le comble pour un marchand de fruits et légumes ?

Raconter des salades.

Toto fête son anniversaire à l'école et souffle ses bougies avec tous ses copains.
« Toi aussi, maîtresse, tu souffles tes bougies quand c'est ton anniversaire ?
– Bien sûr, Toto, répond la maîtresse.
– Ben dis donc… ça doit te coûter cher en bougies ! »

La maîtresse :
« Je n'ai pas crié, tu n'as pas crié, il n'a pas crié… Toto, tu écoutes ? Tu peux répéter ce que je viens de dire ?
– Personne n'a crié, madame ! »

Toto entre dans une librairie, et demande :
« Bonjour, je voudrais un grand livre, s'il-vous-plaît.
– De quel auteur ?
– Euh… Je ne sais pas, dit Toto. Vingt centimètres ? »

Toto aperçoit un père Noël dans un supermarché. Il s'approche et lui envoie un coup de pied dans les fesses en grognant :
« Tiens ! C'est pour l'année dernière ! »

QUI SUIS-JE ?

On me remplit d'os, de chair et de sang, pourtant je suis un cadeau très apprécié. Qui suis-je ?

Une bague.

LE MONSIEUR/MADAME DE TOTO

Monsieur et Madame SAIRIEN ont un fils, comment s'appelle-t-il ?

Jean (J'en sais rien).

HAHAHA !

LA DEVINETTE DE TOTO

Comment empêcher un éléphant de passer par le trou de la serrure ?

En lui faisant un nœud au bout de sa queue.

LA CHARADE DE TOTO

Mon premier est un mot de liaison.
Mon deuxième est un liquide que l'on boit.
Mon troisième est lorsqu'on aime fortement une star.
Mon tout est un animal d'Afrique.

Éléphant (é-lait-fan).

LA CHARADE DE TOTO

Mon premier est une partie du corps.
Mon deuxième est une couleur.
Mon troisième est la deuxième personne du singulier.
Mon quatrième est la dernière syllabe de lecture.
Mon tout me tient chaud.

Couverture (cou-vert-tu-re).

LE MONSIEUR/MADAME DE TOTO

Monsieur et Madame STIQUET ont une fille, comment s'appelle-t-elle ?

Sophie (sophistiqué).

La tante de Toto lui demande :
« Toto, tu n'es pas trop triste que je parte demain ?
– Oh si, tatie, j'aurais préféré que tu partes aujourd'hui. »

QUI SUIS-JE ?

Je perds une feuille tous les mois. Qui suis-je ?

Un calendrier.

LE COMBLE DE TOTO

Quel est le comble pour une plante verte ?

Ne pas avoir de pot.

La maîtresse demande à Toto d'aller au tableau, et d'écrire une phrase avec le mot « sucre ». Toto écrit la phrase suivante :
« Je bois du café au lait. »
La maîtresse, étonnée, lui demande :
« Où est le mot "sucre" dans cette phrase ? »
Toto répond alors :
« Ben, il est dans le café au lait, maîtresse ! »

LE COMBLE DE TOTO

Quel est le comble pour un bonhomme de neige ?

Fondre en larmes.

LA CHARADE DE TOTO

Mon premier n'est pas grand.
Mon deuxième vient en mangeant.
Les superhéros font respecter ma troisième.
Mon quatrième abrite des animaux.
Ma cinquième a une baguette magique.
Mon sixième s'entend.
Mon sixième est une maison pour volatiles.
Mon tout est un proverbe.

Petit à petit, l'oiseau fait son nid
(petit-appétit-loi-zoo-fée-son-nid).

LE MONSIEUR/MADAME DE TOTO

Monsieur et Madame AIRE ont un fils, comment s'appelle-t-il ?

Axel (accélère).

Toto se rend au magasin de bricolage :
« Bonjour ! Je voudrais une prise de courant !
– Une prise mâle ou une prise femelle ?
– Aucune importance, c'est pour réparer l'installation de mon père, pas pour faire de l'élevage ! »

LE COMBLE DE TOTO

Quel est le comble pour un navigateur ?

Avoir un coup de barre.

QUI SUIS-JE ?

Vivante, je demeure immobile.
Morte, je me promène.
Qui suis-je ?

Une feuille d'arbre.

LA CHARADE DE TOTO

Mon premier peut être à main.
Mon deuxième est un peu bête.
Mon troisième n'est pas vrai.
Mon quatrième est là si on ne se brosse pas les cheveux.
Mon tout est un instrument à vent.

Saxophone (sac-sot-faux-nœud).

LA DEVINETTE DE TOTO

Comment fait Toto pour descendre d'un arbre ?

Il se met sur une feuille et attend l'automne...

hihihi !

LE COMBLE DE TOTO

Quel est le comble pour un fakir ?

Garer sa voiture sur un passage clouté.

LE MONSIEUR/MADAME DE TOTO

Monsieur et Madame PILLE ont un fils, comment s'appelle-t-il ?

Thor (torpille).

À l'école :
« Qu'est-ce qu'elle fait, ta maman, Toto ?
– Oh, tout ce qu'elle veut !
– Et ton papa ?
– Lui aussi, tout ce qu'elle veut ! »

LA CHARADE DE TOTO

Mon premier a six faces la plupart du temps.
Mon deuxième est gentil,
mon troisième aussi.
Mon quatrième est une plante décorative à Noël.
Mon cinquième est un premier chiffre au féminin.
Mon sixième guide les navires la nuit.
Mon septième est un pronom réfléchi.
Mon tout se prononce à Halloween !

Des bonbons ou une farce ?
(dé-bon-bon-houx-une-phare-se).

LA DEVINETTE DE TOTO

Quelle est l'île préférée des naufragés gourmands ?

L'île flottante !

LE COMBLE DE TOTO

Quel est le comble pour un tambour ?

Travailler par roulement.

QUI SUIS-JE ?

J'ai une serrure mais pas de porte. Qui suis-je ?

Le cadenas.

Deux otaries discutent :
« Je ne comprends rien à ce que tu dis...
– C'est normal, je parle en morse ! »

hihihi !

Une fourmi et un mille-pattes se donnent rendez-vous chez une coccinelle. La fourmi arrive à l'heure, mais le mille-pattes se fait attendre plus d'une heure. Il arrive enfin, tout essoufflé.
La fourmi et la coccinelle l'interrogent :
« Pourquoi es-tu si en retard ?
- Ce n'est pas de ma faute. À l'entrée, il est marqué : "Essuyez vos pieds !" »

LA CHARADE DE TOTO

Mon premier est le nombre de couleurs de l'arc-en-ciel.
Ma deuxième fait voler l'oiseau.
Mon troisième est onzième dans l'alphabet.
Mon quatrième se fête le 26 septembre.
Mon cinquième tient le haut du panier.
Ma sixième orne le jardin.
Mon tout est ce que dit Toto avant d'être puni.

C'est elle qui a commencé !
(sept-aile-K-Côme-anse-haie).

LE MONSIEUR/MADAME DE TOTO

Monsieur et Madame BINE ont un fils, comment s'appelle-t-il ?

Rambo (rembobine).

Toto va voir sa mère après le dîner :
« Allons, maman, ne fais pas la vaisselle ! C'est ton anniversaire après tout !
– Oh, mon Toto, tu es trop mignon, toi !
– C'est normal, maman ! Et puis, ça peut attendre demain ! »

QUI SUIS-JE ?

J'exige que l'on me réponde mais je ne pose pas de questions. Qui suis-je ?

Le téléphone.

Toto est en cours d'anglais.
La maîtresse demande :
« Comment dit-on à un Anglais de venir ici ?
– "Come here!"
– Bien Toto, maintenant, comment
tu lui dis d'aller là-bas ?
– Ben c'est simple, je vais là-bas
et je lui dis : "Come here!" »

LA DEVINETTE DE TOTO

Pourquoi, quand Toto s'appuie contre un mur, le mur s'écroule ?

Car c'est toujours le plus intelligent qui cède !

Le grand-père de Toto annonce à celui-ci :
« Toto, je m'en vais au jardin, mon vieux copain François vient m'aider à jardiner ! À tout à l'heure !
– Si je comprends bien, tu vas voir ton pote âgé ! »

« Papa, qu'est-ce qui sucre le café, demande Toto, le sucre ou la cuillère ? »
Le père réfléchit un instant :
« C'est la cuillère !
– Mais alors, le sucre, ça sert à quoi ?
– À savoir si on a assez remué ! »

HAHAHA ! hihihi !

LA CHARADE DE TOTO

Mon premier est un animal ruminant de l'Himalaya.
Mon deuxième est un animal de basse-cour.
Mon troisième fait 365 jours.
Mon quatrième se lance pour jouer.
Mon cinquième est un animal à bois.
Mon tout est une question souvent posée à la cantine.

Y a quoi en dessert ? (yack-oie-an-dé-cerf).

LE COMBLE DE TOTO

Quel est le comble pour un conducteur de train ?

Arriver sans crier gare.

Toto en a marre que le grand Théo terrorise tout le monde pendant la récréation. Il décide alors de l'attendre sur le chemin de l'école, bien caché, pour lui sauter dessus et lui dire sa façon de penser. Mais Théo est en retard. Toto attend… attend encore. Il regarde sa montre : une demi-heure est passée, et toujours pas de Théo. Une heure plus tard, Toto se gratte la tête, perplexe, et murmure : « J'espère qu'il ne lui est rien arrivé ! »

Au théâtre, la pièce qui se joue est très ennuyeuse. Un spectateur ronfle. Son voisin lui donne alors un grand coup de coude et lui dit : « Pas si fort, vous allez réveiller tout le monde ! »

LE MONSIEUR/MADAME DE TOTO

Monsieur et Madame LIGUILI ont un fils, comment s'appelle-t-il ?

Guy (guili-guili).

LA CHARADE DE TOTO

Mon premier tombe à l'eau.
Mon deuxième aussi.
Mon troisième est un premier chiffre au féminin.
Mon quatrième s'envoie à la main ou au pied.
Mon cinquième fête son jour le 1er janvier.
Mon sixième est un métal précieux.
Mon septième suit six.
Mon huitième est un animal de basse-cour.
Mon neuvième est un pronom prononcé pour connaître une personne.
Mon dixième est lancé par la sorcière.
Prononce mon tout avant de faire un jeu !

Plouf, plouf ! Une balle en or, c'est toi qui sors (plouf-plouf-une-balle-an-or-sept-oie-qui-sort).

Toto entre dans une papeterie et crie très fort :
« Bonjour ! Je voudrais un stylo-plume, s'il vous plaît !
– Pas si fort ! Je ne suis pas sourd, répond le vendeur. À grands ou à petits carreaux ? »

Après s'être fait gronder par ses parents, Toto soupire :
« Les parents, ils t'apprennent à marcher et à parler pour ensuite te dire de ne plus bouger et te taire ! »

LE MONSIEUR/MADAME DE TOTO

Monsieur et Madame CITRON ont un fils, comment s'appelle-t-il ?

Théo (thé au citron).

LA DEVINETTE DE TOTO

Qu'est-ce qui peut être à la fois un pilote, un clown, une lune, un mandarin, ou un chat ?

Un poisson.

Toto a reçu en cadeau d'anniversaire un téléphone-jouet que sa maman utilise, le soir, pour lui dire :
« Allô Toto, il est l'heure d'aller te coucher.
– Je regrette, madame, répond Toto, mais vous avez fait un mauvais numéro. »

LE COMBLE DE TOTO

Quel est le comble pour une girafe ?

Être victime d'un coup monté.

HAHAHA !

ihihi!

« Toto, peux-tu aller
me chercher un œuf dans le frigo ? »
Cinq minutes plus tard :
« Eh bien, Toto, tu trouves ?
– Euh, oui, mais il a plein de poils, ton œuf !
– Mais ce n'est pas un œuf, c'est un kiwi ! »

LA CHARADE DE TOTO

Tu te reposes dans mon premier.
Mon deuxième est un instrument à vent qui peut servir pour la chasse.
Tu fais mon troisième pour attacher tes lacets.
Mon tout est un animal imaginaire.

Licorne (lit-cor-nœud).

hihihi !

LA CHARADE DE TOTO

Mon premier est une demoiselle anglaise.
Mon deuxième est notre planète.
Mon troisième orne le jardin.
On joue à la pétanque avec ma quatrième.
Mon cinquième vient avant trois.
Mon sixième efface le crayon.
Mon tout se prononce face à l'inconnu.

Mystère et boule de gomme (miss-Terre-haie-boule-deux-gomme).

LA DEVINETTE DE TOTO

Comment appelle-t-on quelque chose de doublement bon ?

Un bonbon.

Toto est chargé de surveiller le lait qui chauffe sur la cuisinière. Tout à coup, il s'écrie : « Maman, viens vite, il y a plus de lait que de casserole ! »

LE COMBLE DE TOTO

Quel est le comble pour un footballeur ?

Ne pas avoir de but dans sa vie.

hihihi!

hihihi!

En classe : « Toto, connais-tu la Patagonie ? demande la maîtresse.
– Euh, non madame, mais je connais bien la pâte à modeler ! »

LE MONSIEUR/MADAME DE TOTO

Monsieur et Madame NOUVITE ont une fille, comment s'appelle-t-elle ?

Marion (marions-nous vite).

hihihi!

HAHAHA!

LE MONSIEUR/MADAME DE TOTO

Monsieur et Madame DEUF ont un fils, comment s'appelle-t-il ?

John (jaune d'œuf).

Dans un train, le contrôleur annonce à Toto :
« Toto, ton billet n'est pas valable dans ce train à grande vitesse.
– Eh bien, dites au conducteur de ralentir, je ne suis pas pressé. »

LA CHARADE DE TOTO

Mon premier peut s'obtenir en frottant des silex.
Mon deuxième est l'organe pointu d'une guêpe ou d'une abeille.
Mon troisième est le thé en anglais.
Mon quatrième est l'enfant du père.
Toto est ébahi devant mon tout !

Feu d'artifice (feu-dard-tea-fils).

LE COMBLE DE TOTO

Quel est le comble pour un serrurier ?

Se faire mettre à la porte.

LA DEVINETTE DE TOTO

Quelle est la question à laquelle on ne peut répondre sans mentir ?

« Est-ce que tu dors ? »

Paul revient tout nu de la salle de bains avec simplement un stylo posé sur l'oreille. Sa maman, énervée, lui dit :
« Je t'avais dit de t'habiller !
Nous sommes en retard pour aller à l'école !
Et puis pourquoi portes-tu ce stylo à l'oreille ?
– Mais maman, c'est parce que le stylo habille ! »

Toto voit passer une étoile filante et s'écrie :
« Pourvu que Prague soit la capitale du Québec ! »
Sa mère l'entend, et lui demande :
« Pourquoi demandes-tu que Prague soit la capitale du Québec ?
– Parce que c'est ce que j'ai répondu dans mon interro ! »

hihi!

HAHAHA!

Toto a décidé de se mettre au sport. Tous les jours, il fait des exercices. Sa mère lui demande :
« Pourquoi cette soudaine passion pour le sport, Toto ?
– Pour être en forme !
– Allons, Toto, nos ancêtres n'en ont jamais fait et ils étaient en parfaite santé…
– Que tu crois ! Aujourd'hui, ils sont tous morts ! »

LA CHARADE DE TOTO

Mon premier n'a pas raison.
Les chevaux sautent par-dessus mon deuxième dans les courses.
Mon troisième est premier.
Mon quatrième avance fièrement dans les défilés et corsos fleuris.
Mon cinquième est une activité amusante.
Mon sixième se dit quand on revient quelque part après une absence.
Mon tout est ce que tu demandes quand ton téléphone n'a plus de batterie !

T'aurais un chargeur ?
(tort-haie-un-char-jeu-re).

« Regarde, maman, un mouche !
– C'est une mouche, mon chéri.
– Comment tu sais que c'est une femelle ? »

Dans la rue, Toto se promène avec sa mère, quand il se fait appeler par un jeune garçon :
« Eh, salut, la crapule !
Toto répond poliment, d'un air un peu gêné, lorsque sa mère lui demande en riant :
« C'est qui, ce garçon ?
– Je ne sais pas, maman, se défend Toto, et ça m'embête, parce qu'il a l'air de bien me connaître ! »

Un enfant se perd dans un grand magasin.
L'enfant demande à la caissière :
« Vous n'auriez pas vu une dame sans moi ? »

LA DEVINETTE DE TOTO

Quelle est la différence entre un chewing-gum, un avion et une maîtresse ?

Le chewing-gum colle, l'avion décolle et la maîtresse d'école.

HAHAHA !

LE MONSIEUR/MADAME DE TOTO

Monsieur et Madame TOUILLE ont un fils, comment s'appelle-t-il ?

Sacha (ça chatouille).

C'est Toto qui rentre de l'école tout content. Il dit à sa mère : « Maman, je suis le seul à ne pas avoir eu 0 au devoir. La maîtresse a dit : "Mathieu 0, Thomas 0, Christophe 0 et Toto idem ! " Tu peux être fière de moi ! »

hihihi !

LE COMBLE DE TOTO

Quel est le comble pour un jockey susceptible ?

Monter sur ses grands chevaux.

« Toto, peux-tu me dire pourquoi les champignons ont la forme d'un parapluie ?
– Parce qu'ils ne poussent que dans les endroits humides, m'dame ! »

QUI SUIS-JE ?

Ma monture n'a pas de cavalier, mes branches sont sans fleurs et mes deux verres impossibles à remplir. Qui suis-je ?

Une paire de lunettes.

« Oh non, s'exclame la maman de Toto, ton père a oublié son portable...
– T'inquiète pas maman, je lui envoie un texto pour le prévenir ! »

Toto va avoir une petite sœur.

LA DEVINETTE DE TOTO

Qu'est-ce qu'il ne faut jamais faire devant un poisson-scie ?

La planche.

Au restaurant :
« Garçon, apportez-moi une douzaine de fautes d'orthographe !
– Mais, nous n'avons pas ça !
– Pourtant, il y en a plein dans votre menu ! »

LE COMBLE DE TOTO

Quel est le comble pour un cycliste ?

Avoir un coup de pompe.

Deux bergers discutent à propos de leurs vaches :
« Pourquoi tes vaches passent leur journée les quatre fers en l'air ?
– Ne m'en parle pas, depuis qu'il y a la grève des trains, elles regardent les avions passer ! »

LE MONSIEUR/MADAME DE TOTO

Monsieur et Madame NERVE ont une fille, comment s'appelle-t-elle ?

Aimée (elle m'énerve)

Toto déclare à un copain :
« Dans la vie y'a trois sortes de gens.
– Ah bon ?
– Ouais, y'a ceux qui savent compter et ceux qui ne savent pas ! »

QUI SUIS-JE ?

Je suis tout autour de toi, et pourtant tu ne me vois pas. Qui suis-je ?

L'air.

« Toto, viens faire la vaisselle !
– Et le mot magique ? S'il… s'il…
– Sinon, je coupe Internet ! »

LA DEVINETTE DE TOTO

Pourquoi les gorilles ont-ils de grosses narines ?

Parce qu'ils ont de gros doigts !

LE COMBLE DE TOTO

Quel est le comble pour un élève qui fait un devoir de géométrie ?

Avoir le compas dans l'œil.

La maîtresse explique à ses élèves que les vaches mâchent toute la journée.
Toto demande alors :
« Mais à part du chewing-gum, qu'est-ce qu'elles mangent ? »

QUI SUIS-JE ?

Je parle toutes les langues et j'ai tout le temps la tête à l'envers.
Qui suis-je ?

Le stylo.

LA CHARADE DE TOTO

Mon premier est le contraire de « à cause ».
Mon deuxième est planté sur un bateau.
Mon troisième est la moitié d'un titi.
Mon quatrième est au milieu du visage.
Mon tout est le bonheur suprême du dimanche !

Grasse matinée (grâce-mât-ti-nez).

Toto se fait disputer par son papa :
« Non, Toto, tu ne prends pas le marteau pour bricoler. Tu vas te faire mal !
– Pas de danger, papa. C'est ma petite sœur qui tiendra les clous ! »

Toto entre dans un magasin de musique :
« Bonjour ! Je voudrais acheter l'accordéon, là-bas ! »
Le marchand éclate de rire, et répond :
« Tu sais, je ne sais pas si j'arriverai à détacher
ce radiateur du mur ! »

De retour à la maison, Toto annonce à son père :
« On a eu un contrôle surprise, aujourd'hui…
– Et comment ça s'est passé ?
– Eh bien, j'ai été réellement surpris ! »

Toto prend l'avion pour la première fois.
Afin de le rassurer, l'hôtesse de l'air
lui dit qu'il peut l'appeler quand il veut,
mais que, de toute façon, tout ira bien.
Elle ajoute :
« Tiens, prends ce chewing-gum pour le cas où tes oreilles
te feraient un peu mal au décollage ou à l'atterrissage. »
Le vol se passe très bien. Après que l'avion s'est posé,
Toto appelle l'hôtesse :
« Merci pour le truc du chewing-gum, c'était radical.
Par contre, vous n'auriez pas une combine pour le retirer
facilement des oreilles ? »

LE MONSIEUR/MADAME DE TOTO

Monsieur et Madame HANCIEUX ont une fille, comment s'appelle-t-elle ?

Cécile (c'est silencieux).

Après avoir vu un documentaire sur les oiseaux, Toto demande à son père dans l'espoir de s'instruire :
« Papa, c'est quoi, un rapace ?
– C'est un oiseau qui passe et qui rapace ! »

LA DEVINETTE DE TOTO

Que fait la salade dans la montagne ?

De la mâche à pied !

LA DEVINETTE DE TOTO

Plus tu en fais, plus il en apparaît derrière toi. De quoi s'agit-il ?

Des pas.

Un ballon dit à un autre ballon :
« Tu viens au stade ?
– Non, vas-y sans moi !
– Allez, ne te dégonfle pas, on va s'éclater là-bas ! »

LE COMBLE DE TOTO

Quel est le comble pour un champion cycliste ?

Perdre les pédales.

Toto demande à sa grand-mère :
« Mamie, est-ce que tu es coiffeuse ?
– Non, pourquoi ?
– Parce que maman a dit que tu frisais la soixantaine et que tu allais nous raser pendant toutes les vacances ! »

Toto tend un dessin à la maîtresse :
« Tenez, madame, je l'ai fait pour vous !
– Merci, Toto, c'est gentil, mais euh... qu'est-ce que ça représente ?
– Ce sont des Martiens, bien sûr !
– Des Martiens ? répond la maîtresse en souriant. Mais Toto, personne ne sait à quoi ils ressemblent !
– Eh bien, maintenant, on le saura... »

**Au petit déjeuner, Toto raconte :
« J'ai fait un drôle de rêve cette nuit !
J'étais transformé en confiture ! »
Son père, sans quitter les yeux de son téléphone, répond : « Eh ben, ce n'est pas de pot ! »**

LA CHARADE DE TOTO

Mon premier est en haut d'une chemise.
Mon deuxième est le métal préféré des pirates.
Mon troisième est la neuvième lettre de l'alphabet.
Mon quatrième est le nombre d'années que l'on a.
Mon tout est une activité artistique que les enfants adorent.

Coloriage (col-or-i-âge).

LE MONSIEUR/MADAME DE TOTO

Monsieur et Madame NOMENAL ont une fille, comment s'appelle-t-elle ?

Céphée (c'est phénoménal).

**Toto dit à sa maman :
« Maman, il y a ma sœur qui hurle dans son bain, je ne peux pas faire mes devoirs !
– Sors-la, Toto !
– Bah non, c'est bien trop chaud ! »**

HAHAHA!

HAHAHA !

LA DEVINETTE DE TOTO

Que faire si une mouche est en train de se noyer ?

Du mouche à mouche.

LE COMBLE DE TOTO

Quel est le comble pour un serveur de restaurant ?

Mettre les pieds dans le plat.

LE MONSIEUR/MADAME DE TOTO

Monsieur et Madame DUTOUT ont une fille, comment s'appelle-t-elle ?

Babeth (pas bête du tout).

Alors qu'il sort de chez lui pour aller à l'école, la maman de Toto lui dit : « Dis donc, Toto, le petit des voisins embrasse toujours sa mère avant de partir à l'école, mais pas toi ! – Ben, je peux le faire aussi, mais je ne la connais pas, moi ! »

La mère de Toto prévient son fils :
« Je descends chez la voisine lui emprunter de la farine, j'en ai pour cinq minutes !
– D'accord maman !
– Tu pourras penser à éteindre le four dans une demi-heure ? »

LE COMBLE DE TOTO

Quel est le comble pour un barbier ?

Raser les murs.

**« Bonjour, mon garçon, je suis l'accordeur et je viens pour ton piano !
– J'ai bien un piano, oui, mais je n'ai rien demandé ! s'étonne Toto.
– Oui, je sais, ce sont tes voisins qui m'envoient ! »**

hihihi !

hihihi !

hihihi !

LE COMBLE DE TOTO

Quel est le comble pour un géant ?

Avoir un grand frère.

LE MONSIEUR/MADAME DE TOTO

Monsieur et Madame DELUI ont deux fils, comment s'appellent-ils ?

Jean, Neymar (J'en ai marre de lui).

Toto dit à son papa :
« Papa, j'aimerais une bicyclette pour Noël.
– Seulement si tu arrives à l'écrire !
– Finalement je préfère un vélo... »

Toto joue avec sa copine Justine. Cette dernière lui demande :
« On joue au papa et à la maman ?
– Tu sais bien que ma mère nous a défendu de nous disputer ! »

Toto ramasse des champignons dans la forêt. Un promeneur l'observe et l'aborde :
« Dis donc, tu sais que ces champignons sont vénéneux ?
– Ce n'est pas grave ! Ce n'est pas pour moi, c'est pour vendre au marché ! »

Une maman dinosaure s'adresse à son petit à la fin de la journée :
« Va te coucher, je vais te raconter une préhistoire. »

« Tu sais Toto, la télévision ne pourra jamais remplacer un vrai journal, lui dit son père.
– Mais pourquoi, papa ?
– Tu as déjà essayé d'écraser un moustique avec une télé ? »

LA DEVINETTE DE TOTO

Si avant-hier était lundi, quel jour serons-nous la veille d'après-demain ?

Jeudi.

Clément demande à son père :
« Papa, je veux un vélo !
– Tu ne feras plus de bêtises si je t'en achète un ?
– Si, mais j'irai les faire plus loin ! »

HAHAHA !

Toto indique à son copain une fille qui passe dans la rue :
« Tiens, tu vois Léa, qui est en cinquième ?
Eh bien, j'ai failli sortir avec elle.
– Pas possible ! s'étonne son copain.
– Si… Mais en fait, elle n'a jamais voulu, alors j'ai préféré renoncer. »

QUI SUIS-JE ?

Dans la maison, j'entre toujours par la porte et je sors toujours la dernière. Qui suis-je ?

La clé.

Toto dit à son père :
« Papa, tu savais que le soleil allait exploser dans plusieurs milliards d'années ?
– Comment ?!
– C'est vrai ! Il se changera en supernova d'ici plusieurs milliards d'années et…
– Ah, j'avais compris dans plusieurs millions d'années ! Ouf ! »

La maîtresse demande à Toto :
« Si on coupe 3 pommes en 8 morceaux et qu'on les divise encore en 4, qu'est-ce qu'on obtient ?
– De la compote, madame ! »

LA CHARADE DE TOTO

Mon premier laisse des traces dans la neige.
Mon deuxième est à toi.
Mon troisième est un dessert à base de pâte et peut être aux fraises, aux pommes…
Mon quatrième est la neuvième lettre de l'alphabet.
Mon cinquième est au milieu du visage.
Toto raffole de mon tout au petit déjeuner !

Pâte à tartiner (pas-ta-tarte-I-nez).

LA DEVINETTE DE TOTO

Quel insecte obtient-on si on étire un papi ?

Un papillon !

LE COMBLE DE TOTO

Quel est le comble pour un écrivain sur un bateau ?

Que le capitaine jette l'encre.

Toto pêche au bord du ruisseau. Un passant l'interpelle :
« Alors, ça mord ?
– Pensez-vous, m'sieur ! Ces poissons-là ne sont pas bien méchants... »

LE MONSIEUR/MADAME DE TOTO

Monsieur et Madame MANVUSSA ont un fils, comment s'appelle-t-il ?

Gérard (j'ai rarement vu ça).

hihihi! hihihi!

La maîtresse demande à Toto :
« Qu'est-ce qu'un chiffre impair ?
– C'est un chiffre qui protège contre la pluie ? »

La maman d'Igor lui demande :
« Mais pourquoi mets-tu de l'insecticide dans tes chaussures ?
– C'est parce que j'ai des fourmis dans les pieds, maman ! »

LE MONSIEUR/MADAME DE TOTO

Monsieur et Madame PAGE ont un fils, comment s'appelle-t-il ?

Marc (marque-page).

Toto rentre de l'école :
« Papa, le maître ne sait pas ce qu'est un cheval !
– Tu crois vraiment ?
– Oui. Quand je lui ai montré le cheval que j'avais peint, il m'a demandé ce que c'était... »

La maîtresse interroge Toto :
« Comment fait-on pour répartir 10 patates entre 7 personnes ?
– Facile, madame ! On fait une purée ! »

HAHAH

Un professeur s'adresse à deux élèves qui ne cessent de discuter ensemble : « Séparez-vous ou je vous colle ! »

LA CHARADE DE TOTO

Mon premier est une céréale.
Mon deuxième est non en anglais.
Mon troisième est la troisième lettre de l'alphabet.
Mon quatrième est un prénom masculin.
Mon tout est un animal.

Rhinocéros (riz-no-c-Ross).

Toto repousse sa petite sœur : « Non, tu n'auras pas de bonbons ! Toi, tu ne me donnes jamais rien...
– Menteur ! Le mois dernier, je t'ai donné la varicelle ! »

Rémi parle à Toto de son amoureuse : « Ah, Toto si tu savais ! La première fois que je l'ai vue, c'était dans une boulangerie, alors que j'achetais un éclair...
– Et t'as eu le coup de foudre ! »

HAHAHA !

Toto et Justine parlent de leurs projets du week-end :
« Je vais chez mon papi et ma mamie… soupire Justine.
– Tu n'as pas l'air très heureuse d'y aller ?
– Si, si ! C'est juste qu'ils adorent rigoler
et me faire des blagues !
– Alors, tu vas chez tes grands-marrants ! »

Toto et un copain discutent pendant le cours.
« Est-ce que tu parles anglais, Toto ?
– Comment veux-tu que je le sache, je n'ai jamais essayé ! »

LA CHARADE DE TOTO

Mon premier est
le contraire de tard.
Mon deuxième est
le contraire de vilain.
Mon troisième protège
les mains.
Mon tout amuse les enfants.

Toboggan (tôt-beau-gant).

LA DEVINETTE DE TOTO

Comment appelle-t-on un ascenseur au Japon ?

Avec son doigt.

QUI SUIS-JE ?

En me présentant, on pourrait me prendre pour une invention révolutionnaire : grâce à moi en effet, tu peux voir à travers les murs. Et pourtant, je suis une chose vraiment toute simple. Qui suis-je ?

Une fenêtre.

LE MONSIEUR/MADAME DE TOTO

Monsieur et Madame CAL ont deux filles et un fils, comment s'appellent-ils ?

Anna, Lise, Mehdi (analyse médicale).

LA DEVINETTE DE TOTO

Quelle est la différence entre Toto qui fait des bêtises et un sapin de Noël ?

Aucune ! Les deux se font enguirlander.

QUI SUIS-JE ?

On est couchés quand tu es debout, et on est debout quand tu es couché. Qui sommes-nous ?

Les pieds.

En cours de sciences, la maîtresse demande à Toto :
« Pourquoi les chirurgiens portent-ils un masque pendant leurs opérations ?
– Pour ne pas être reconnus s'ils ratent leur coup ! »

hihihi !

Toto demande à son professeur de sciences :
« Monsieur, vous avez déjà vu un moucheron ?
– Oui, bien sûr.
– Et une mouche carrée ? »

LE COMBLE DE TOTO

Quel est le comble pour un jardinier ?

Tomber dans les pommes.

« Toto, l'autre jour, j'ai vu un garçon qui te ressemblait comme deux gouttes d'eau !
– Mince ! J'espère que tu ne lui as pas rendu les deux euros que je t'avais prêtés ! »

Toto envoie un SMS à Justine :
« Kel es la partikullarité d'1 ornithorynque ?
– C'est le seul mot que tu as correctement orthographié ? »

LA CHARADE DE TOTO

Mon premier est une note de musique.
Mon deuxième est le contraire de moche.
Mon troisième est ce que l'on boit.
Mon quatrième est le synonyme de forêt.
Mon cinquième est un mot de la famille de dormir.
Mon tout se réveille avec un baiser.

La Belle au bois dormant
(la-belle-eau-bois-dormant).

LE COMBLE DE TOTO

Quel est le comble pour un peintre ?

S'emmêler les pinceaux.

LA DEVINETTE DE TOTO

Pourquoi faut-il inventer des casseroles carrées ?

Pour qu'elles empêchent le lait de tourner.

QUI SUIS-JE ?

Nous traversons les vitres sans les casser. Qui sommes-nous ?

Les rayons du soleil.

LE MONSIEUR/MADAME DE TOTO

Monsieur et Madame OBSCUR ont une fille, comment s'appelle-t-elle ?

Claire (clair-obscur).

En classe :
« Voyons, Toto, il y a deux pôles.
Le pôle Nord et le pôle… le pôle… ?
– Le Polichinelle ? »

La maîtresse s'adresse à Toto :
« Peux-tu me citer un mammifère qui n'a pas de dents ?
– Euh… ma grand-mère ? »

LE MONSIEUR/MADAME DE TOTO

Monsieur et Madame KAÉCOUTER ont un fils, comment s'appelle-t-il ?

Xavier (vous aviez qu'à écouter).

LA CHARADE DE TOTO

Mon premier est la couleur de la robe de la mariée.
Mon second tombe en hiver.
Mon tout est une princesse qui a été empoisonnée par une pomme.

Blanche-Neige (blanche-neige).

Toto rentre de l'école, très fier d'annoncer à son p
« Tu sais, en classe, j'ai fait un clin d'œil à Justi
– Ah bon ? Tu as ouvert un œil ? »

QUI SUIS-JE ?

Premier à débarquer quand je sens le danger, tandis que mes cousins dansent à l'opéra, je traîne dans les bibliothèques.
Qui suis-je ?

le rat.

« Où a été signé le traité de Versailles ?
– En bas de la feuille, m'dame. »

LE MONSIEUR/MADAME DE TOTO

Monsieur et Madame GNORER ont deux filles, comment s'appellent-elles ?

Ella, Gathy (elle a qu'à t'ignorer).

Deux voleurs sont surpris dans un appartement. L'un d'eux s'écrie :
« Sautons par la fenêtre !
– Tu es fou, on est au 13e étage !
– Hé, ce n'est pas le moment d'être superstitieux, hein ! »

LE COMBLE DE TOTO

Quel est le comble pour un mouton ?

Filer du mauvais coton.

Un malade va voir un guérisseur :
« Pouvez-vous soigner ma grippe ?
– Bien sûr ! Bzz... bzz... Vous êtes guéri ! déclare le guérisseur.
– Ah bon ? Alors, bzz... bzz... Vous êtes payé ! » répond le patient.

LA CHARADE DE TOTO

Mon premier est le contraire de grande.
Mon deuxième sert à couper le bois.
Mon troisième est la femme du roi.
Mon tout est une créature qui vit dans l'océan.

Petite sirène (petite-scie-reine).

Une maman volcan dit à son fils :
« Alors, tu te laves ?
– Oh, ça va, il n'y a pas le feu ! »

La maîtresse :
« Toto, est-ce que tu sais pourquoi les fleuves débordent et pas la mer ?
– Parce que dans la mer, il y a des éponges. »

LA DEVINETTE DE TOTO

Pourquoi les meilleurs archers ferment-ils un œil pour mieux viser ?

Parce que s'ils fermaient les deux, ils ne verraient plus rien !

QUI SUIS-JE ?

On me lèche, on me donne des coups de poing et on m'envoie dans toutes les directions. Qui suis-je ?

Un timbre.

QUI SUIS-JE ?

Je sers à la fois à jouer mais aussi à te repérer. Sur table, je dis la vérité. Qui suis-je ?

La carte.

« Toto, pourquoi est-ce que tu manges ton éclair au chocolat devant un miroir ?
– C'est pour avoir l'impression d'en manger deux ! »

La maman du petit Thomas dit à son mari : « Je crois que notre fils sera astronaute.
– Qu'est-ce qui te fait dire ça ? demande le père.
– Oh ! Son professeur m'a dit qu'il était souvent dans la lune... »

LA DEVINETTE DE TOTO

Pourquoi faut-il accrocher son lit au mur quand on écoute une histoire de Toto ?

Parce que ce sont souvent des histoire à dormir debout !

Lundi
Vous avez de la tarte au concombre ?
Non, nous n'avons pas ça.
Mardi
Vous avez de la tarte au concombre ?
Non, nous n'avons pas ça, désolée.
Mercredi
Vous avez de la tarte au concombre ?
Non, toujours pas…
Jeudi
Vous avez de la tarte au concombre ?
Oui, j'en ai fait exprès pour toi, mon petit Toto.
C'est pas bon, hein ?

HAHAHA !

Toto demande à sa maman d'aller chez le médecin.
« Pourquoi ? lui demande sa maman.
– Parce que la maîtresse m'a dit de soigner mon écriture ! »

LA DEVINETTE DE TOTO

Qu'est-ce qui est vert et navigue sous la mer ?

Un chou marin.

LA CHARADE DE TOTO

La vache produit mon premier.
Mon deuxième est un chiffre impair.
Mon troisième est le contraire de grand.
Mon quatrième a une queue en tire-bouchon.
Mon tout est un conte.

Les Trois Petits Cochons (lait-trois-petit-cochon).

LE COMBLE DE TOTO

Quel est le comble pour un poissonnier ?

Être muet comme une carpe.

LE MONSIEUR/MADAME DE TOTO

Monsieur et Madame AMANGÉ-DUFOIN ont une fille, comment s'appelle-t-elle ?

Babeth (pas bête à manger du foin).

QUI SUIS-JE ?

Je siffle sans bouche,
cours sans jambes,
frappe sans mains,
passe sans paraître.
Qui suis-je ?

Le vent.

Toto est à la plage avec ses parents. Ceux-ci sont déjà dans l'eau et font signe à Toto de venir.
« Viens Toto ! Elle est un peu froide au début, mais après on s'habitue et elle est bonne !
– Oui, eh bien je préférerais venir après, alors ! »

HAHAHA

DOCTEUR
Bonjour, comment t'appelles-tu ?
Toto.
Très bien, Toto. Tu peux me donner ta date de naissance, s'il te plaît ?
Le 15 juillet.
Quelle année ?
Chaque année !

hihihi !

Venez les enfants, je vais vous poser des questions et celui qui répond correctement aura ce jouet.
Qui est le plus obéissant ? Qui n'a jamais été insolent avec maman, qui fait tout ce qu'elle demande ?
Bon, on a compris, tu peux garder le jouet, papa.

LE MONSIEUR/MADAME DE TOTO

Monsieur et Madame TALU ont quatre fils, comment s'appellent-ils ?

Jean, Jean, Jean et Jean (les quatre jantes alu).

LA DEVINETTE DE TOTO

Quel est l'insecte qui arrive toujours le premier à la course ?

Le pou, parce qu'il est toujours en tête !

Lors du recrutement d'un gardien de but, l'entraîneur demande à Toto son signe du zodiaque : « Lion ? Tu es engagé, va dans ta cage ! »

QUI SUIS-JE ?

Je dispose de mon propre marché et même de mes cartes. Placée près d'une oreille, je t'aide à deviner. Qui suis-je ?

La puce.

LA CHARADE DE TOTO

Mon premier est un métal précieux.
Mon deuxième est un ensemble de cadeaux.
Mon troisième est apprécié par les enfants.
Mon tout sert à regarder l'heure.

Horloge (or-lot-jeu).

LA DEVINETTE DE TOTO

Comment faire aboyer un chat ?

On lui donne une soucoupe de lait, et il la boit (il aboie).

LA CHARADE DE TOTO

Mon premier est un véhicule.
Mon second est un meuble sur lequel on mange.
Mon tout est un objet que tous les écoliers ont.

Cartable (car-table).

La maîtresse pose un problème de maths à Toto : « Tu es face à une baignoire contenant 100 litres d'eau, et tu dois la vider. Pour cela, tu disposes d'une cuillère de 5 millilitres et d'une tasse, de 25 centilitres. Quels ustensiles utilises-tu pour vider la baignoire et combien de fois les emploieras-tu ?
– Aucun des deux, madame ! Si je veux vider l'eau de la baignoire, je retire la bonde ! »

« Papa, quand on sait où se trouve une chose, ça veut dire qu'elle n'est pas perdue ?
– Évidemment, Lucie !
– Ouf, parce que je viens de laisser tomber ton portefeuille dans la rivière ! »

Toto est interrogé au tableau : « Tu t'es trompé dans ton calcul, Toto ! Regarde le résultat de ton addition, tu es censé trouver un plus grand résultat !
– Ah, madame, c'est normal ! Dans mon addition, les cafés étaient offerts ! »

Toto et ses copains s'amusent à se raconter des histoires qui font peur. C'est au tour de Toto : « Vous saviez que si, à minuit, tu appelais devant ton miroir la dame blanche trois fois, en criant très fort, il y avait 100 % de chances que ta mère te hurle d'aller te coucher ? »

QUI SUIS-JE ?

Qu'il soit noir, gris ou blanc, il n'y en a pas deux semblables. Il suit le souffle du vent et reste pour nous impalpable. Qui est-il ?

Un nuage.

LA DEVINETTE DE TOTO

La maman de Toto a trois enfants : Riri, Fifi, et ?

Toto !

hihihi !

LA DEVINETTE DE TOTO

Quel est le point commun entre un pâtissier et un ciel orageux ?

Tous les deux font des éclairs.

LE COMBLE DE TOTO

Quel est le comble pour un physicien ?

Avoir des atomes crochus avec quelqu'un.

LA CHARADE DE TOTO

Mon premier est la quinzième lettre de l'alphabet.
Mon deuxième est la façon de se ranger à la fin de la récréation.
Mon troisième est la première personne du singulier.
Mon tout est une couleur.

Orange (o-rang-je).

Dans la cour, Benjamin et Andréa racontent leurs vacances au ski :
« Moi, j'étais dans une station, à Courchevel !
– Et moi, dans un hôtel, à Courmayeur !
– Ben nous, fait Toto, on était à court d'argent ! »

Toto passe quelques jours à l'hôpital. Alors que sa maman est avec lui, l'infirmière arrive avec une seringue sur un plateau. Toto, apeuré, se cache sous son drap et s'écrie :
« Attention, voilà la dame de pique ! »

LE MONSIEUR/MADAME DE TOTO

Monsieur et Madame FROID ont quatre filles et trois fils, comment s'appellent-ils ?

Eva, Aude, Anne, Marc, Samson, Gilles et Ella (elle va au Danemark sans son gilet et elle a froid).

to est couché, malade. Sa maman
rrive avec une bouteille de sirop
une cuillère. Elle lui recommande :
Surtout, Toto, fais bien attention
à ne pas renverser ton sirop,
tu brûlerais tes draps ! »

QUI SUIS-JE ?

Je peux tomber en poussière ou dans la folie. Je suis le blé, le sel et la terre. Qui suis-je ?

Le grain.

LE COMBLE DE TOTO

Quel est le comble pour une soustraction ?

Faire toujours plus.

QUI SUIS-JE ?

Je suis aussi difficile à trouver qu'à garder.
Découvre-moi, et je n'existe plus !
Qui suis-je ?

Un secret.

LA DEVINETTE DE TOTO

Qu'est-ce qui va de ville en ville sans jamais bouger ?

La route.

Dans son immeuble, Toto prend l'ascenseur. Une vieille dame monte à bord, et on entend un grincement inquiétant à mesure que l'ascenseur s'élève. La vieille dame demande alors :
« On ne change jamais les câbles ?
– Si, quand ils sont usés, m'dame ! répond Toto poliment.
– Et comment sait-on qu'ils sont usés ?
– Quand ils cassent… »

La mère de Toto demande :
« Rien de neuf, en mon absence ?
– Si, des gens ont sonné pour collecter des fonds pour rénover la piscine municipale !
– Tu leur as donné quelque chose ?
– Ils ont dit qu'ils acceptaient tous les dons, même les petits, alors je leur ai donné un verre d'eau ! »

Le papa de Toto dit à un ami :
« Mon fils joue du piano.
– Et ça rapporte ? demande l'autre.
– Je pense bien, c'est ce qui m'a permis d'acheter la maison des voisins pour presque rien ! »

LE COMBLE DE TOTO

Quel est le comble pour un cavalier ?

Être à cheval sur les principes.

LA CHARADE DE TOTO

Mon premier est un oiseau qui fait la roue.
Mon deuxième est un pronom possessif.
Mon troisième n'est pas court.
Mon tout est un vêtement.

Pantalon (paon-ta-long).

LE MONSIEUR/MADAME DE TOTO

Monsieur et Madame DAJIN ont un fils, comment s'appelle-t-il ?

Bruno (pruneau d'Agen).

À l'école :
« Les enfants, quel a été votre meilleur souvenir de vacances ? Oui, Toto ?
– Moi, ça a été de passer devant l'école sans devoir m'y arrêter ! »

ihihi !

LE COMBLE DE TOTO

Quel est le comble du comble ?

Qu'un muet dise à un sourd qu'un aveugle les espionne !

LE MONSIEUR/MADAME DE TOTO

Monsieur et Madame DANSMONJARDIN ont un fils, comment s'appelle-t-il ?

Pierre (pierre dans mon jardin).

LA DEVINETTE DE TOTO

Combien de gouttes d'eau peut-on mettre dans un verre vide ?

Une seule, car après le verre n'est plus vide.

Toto fait une croisière, lorsqu'il aperçoit, au loin, une petite île perdue au milieu de l'océan, avec un homme barbu qui agite désespérément les bras en direction du bateau. Il demande alors au capitaine :
« Qui est-ce ?
– Aucune idée. On passe chaque année devant son île et, à chaque fois, ça le rend fou ! »

Toto est interrogé au tableau : « Conjugue-nous le verbe savoir au présent, Toto !
– Euh… Je savoie ?
– Non !
– Je save ?
– Mais pas du tout, enfin Toto !
– Bah ! Je ne sais pas ! »

LA CHARADE DE TOTO

Mon premier est le cousin de la souris.
Mon deuxième est le contraire de vite.
Mon troisième est ce que je fais avec un pistolet.
Mon tout sert à aller moins vite.

Ralentir (rat-lent-tir).

« Toto, tu veux jouer à ni oui ni non ?
– Non.
– Perdu ! »

QUI SUIS-JE ?

Tu y entres par un trou pour en ressortir par deux. Qui suis-je ?

Le pantalon.

LE COMBLE DE TOTO

Quel est le comble pour un gâteau ?

Être tarte.

La maîtresse demande à ses élèves de faire une rédaction et de raconter un match de football comme un journaliste sportif. Une demi-heure plus tard, elle ramasse les copies et s'aperçoit que Toto n'a écrit qu'une seule ligne :
« Temps pluvieux. Terrain impraticable. Match annulé. »

LA CHARADE DE TOTO

Mon premier ouvre l'alphabet.
Mon deuxième est le petit de la vache.
Mon troisième est une trace et/ou un prénom.
Mon quatrième est un don provisoire.
Mon cinquième est un morceau de tarte.
Mon sixième se boit à cinq heures.
Mon tout se dit avant une course !

À vos marques, prêts, partez
(A-veau-marque/Marc-prêt-part-thé).

Toto s'arrête devant l'étal du maraîcher :
« M'sieur, elles sont génétiquement modifiées, vos fraises ?
– Bien sûr que non, mon garçon, pourquoi cette question ? demande le maraîcher.
– C'est vrai ça, de quoi je me mêle ? » rétorquent les fraises.

LE COMBLE DE TOTO

Quel est le comble pour une salade ?

Être dure de la feuille.

LA CHARADE DE TOTO

Mon premier est le contraire de haut.
Mon deuxième est « an » à l'envers.
Mon troisième est ce que je fais avec les lacets.
Mon tout est ce que les singes adorent.

Banane (bas-na-nœud).

Au restaurant, le serveur demande à Toto :
« Alors mon garçon, ton steak haché, tu l'as trouvé comment ?
– Tout à fait par hasard, en soulevant une frite ! »

LE MONSIEUR/MADAME DE TOTO

Monsieur et Madame LOCALE ont une fille, comment s'appelle-t-elle ?

Anastasie (anesthésie locale).

HAHAHA !

« Depuis quelques jours, je vois des points noirs, explique Toto à Justine.
– Mince ! Tu as vu l'ophtalmo ?
– Non, juste des points noirs… »

LA DEVINETTE DE TOTO

Comment Toto fait-il pour refroidir son chocolat ?

Il met du sucre glace !

HAHAHA !

LE MONSIEUR/MADAME DE TOTO

Monsieur et Madame KUZBIDON ont un fils, comment s'appelle-t-il ?

Alex (ah l'excuse bidon).

En attendant à un passage piéton, Toto aperçoit, de l'autre côté de la rue, un extraterrestre ! Il secoue le bras de son père :
« Papa, un petit homme vert !
– Ah c'est bon, on peut traverser ! »

Le père de Toto regarde, perplexe, un be
dessin de son fils. Il demande à sa femme
« D'après toi, c'est un lever de soleil ou un coucher de soleil, qu'il a représenté
– Oh ! connaissant ton fils, c'est un couche de soleil ! Il se lève tellement tard qu'il ne voit jamais le soleil se lever ! »

LA CHARADE DE TOTO

Mon premier est une note de musique.
On se nourrit de mon deuxième.
Mon troisième attache.
Mon tout est indispensable pour faire du pain.

Farine (fa-riz-noeud).

Un oignon s'arrête devant un saule pleureur.
« Oh, tu pleures ? J'espère que ce n'est pas à cause de moi... »

Toto se confie à un copain à propos de son histoire d'amour avec Justine :
« Justine et moi, on a comme une incompatibilité d'humeur !
– Ah bon, comment ça ?
– Ben, elle voudrait qu'on se sépare, mais pas moi ! »

LA DEVINETTE DE TOTO

Que trouve-t-on toujours entre ciel et terre ?

Le mot « et ».

LE COMBLE DE TOTO

Quel est le comble pour un blanchisseur ?

Être lessivé.

LA CHARADE DE TOTO

Mon premier est un félin.
Mon second permet de voir plus grand.
Mon tout va sur l'eau.

Chaloupe (chat-loupe).

QUI SUIS-JE ?

Avec un « E », je fais des taches, avec un « A », je sers d'attache. Qui suis-je ?

L'encre et l'ancre.

LA DEVINETTE DE TOTO

Dans un aquarium, il y a dix poissons ; cinq se noient. Combien en reste-t-il ?

Dix, car les poissons ne se noient pas.

En classe :
« Qu'est-ce qu'on offre en cadeau à sa maman, pour la fête des Mères, les enfants ? »
Toto lève la main :
« En cas d'eau, m'dame, on lui offre un parapluie ! »

hihihi!

Toto joue dans le salon, quand son père l'entend rire :
« Tu rigoles tout seul maintenant, Toto ?
– Hi, hi ! Oui, je me suis raconté une blague que je ne connaissais pas ! »

LA CHARADE DE TOTO

Mon premier est le féminin de son.
On fait mon second avec de la farine, de l'eau, du sel et de la levure.
Mon tout est un arbre que l'on décore à Noël.

Sapin (ça-pain).

Toto a une jambe dans le plâtre. Il se confie à son copain Julien qui est venu le voir :
« Après mon accident de vélo, le docteur m'a rassuré. Il m'a dit que dans un mois je pourrai danser le rock ! Tu te rends compte ? C'est génial, car avant mon accident je ne savais pas du tout danser ! »

hihihi!

LA CHARADE DE TOTO

Quand mon premier fait 6, tu as le droit de sortir ton cheval.
Mon deuxième, lui, abrite plein d'animaux.
Mon troisième est la partie de la vache qui donne le lait.
Mon quatrième est le contraire de rapide.
Mon tout est un adjectif vraiment très drôle.

Désopilant (dé-zoo-pis-lent).

E MONSIEUR/MADAME DE TOTO

Monsieur et Madame TEUZMANIÈRES ont un fils, comment s'appelle-t-il ?

Gédéon (j'ai des honteuses manières).

LE COMBLE DE TOTO

Quel est le combre pour un carillonneur ?

Se faire sonner les cloches.

HAHAHA !

Alors qu'il visite une ferme,
Toto demande à son père :
« Papa, c'est vrai que le propre
du cochon, c'est d'être sale ? »

À table :
« Devinez ce que j'ai préparé pour le dîner ! »
s'écrie joyeusement le papa de Toto.
Toto et sa mère se regardent, peu rassurés.
« Vu la tête que ça a, c'est pas gagné… »

Toto est au parc avec sa mère et sa petite sœur.
Elle aimerait jouer avec une autre
fillette, qui s'amuse à tamiser le sable.
Toto dit alors à sa sœur :
« Laisse tomber, il n'y a que son petit tamis
qui l'intéresse ! »

Toto assiste à une séance de spiritisme :
les gens sont assis en rond, les mains posées
sur une table, et ils appellent les esprits.
Toto, qui a du mal à y croire, ricane
dans son coin, lorsque quelqu'un lui demande :
« Et toi, Toto, tu ne sens rien ?
– Oh, si, si ! Mais c'est pas moi, promis ! »

LE COMBLE DE TOTO

Quel est le comble pour un gardien de nuit ?

Vivre au jour le jour.

QUI SUIS-JE ?

Un personnage de bande dessinée* se cache dans cette phrase. Qui est-ce ?

Astérix (astérisque).

HAHAHA !

LA DEVINETTE DE TOTO

Quelle est la ressemblance entre Toto et le facteur ?

Les deux ont beaucoup d'adresses !

LA CHARADE DE TOTO

Mon premier a six faces.
On dort dans mon deuxième.
Mon troisième est le pluriel de ciel.
Mon tout signifie très bon.

Délicieux (dé-lit-cieux).

hihihi !

LE COMBLE DE TOTO

Quel est le comble pour un agneau ?

Marcher à pas de loup.

Toto visite un grand zoo avec sa famille. S'étant un peu écarté du groupe, il remarque un nuage de poussière au loin et crie à ses parents :
« Hip, hip, hip...
– Hourra ! » répond son père.
Et ils se font renverser par un hippopotame

À table :
« Papa, ceux qui mangent des végétaux, ce sont des végétariens, pas vrai ?
– Oui, Toto...
– Mais ceux qui mangent du veau alors, ce sont des vauriens ? »

Toto participe à une course en sac à patates. Mais, il a beaucoup de mal et termine... bon dernier ! À son père qui s'étonne de son résultat, il dit :
« J'aurais peut-être dû enlever les patates du sac ! »

LE MONSIEUR/MADAME DE TOTO

Monsieur et Madame TÈRERÉSOLUS ont une fille, comment s'appelle-t-elle ?

Démis (des mystères résolus).

En classe :
« Les enfants, pourquoi l'eau siffle quand on la fait bouillir ? demande la maîtresse.
– Ben, ce sont les microbes qui hurlent qu'on les cuit, m'dame ! » répond Toto.

LA DEVINETTE DE TOTO

Peux-tu citer trois jours consécutifs sans prononcer les mots « lundi », « mardi », « mercredi », « jeudi », « vendredi », « samedi » et « dimanche » ?

« Hier », « aujourd'hui » et « demain » : ce sont bien trois jours consécutifs.

hihihi!

LA CHARADE DE TOTO

Mon premier est une partie du corps. Mon second est un fleuve français. Mon tout voit passer beaucoup de gens.

Couloir (cou-Loire).

QUI SUIS-JE ?

On me trouve chez l'homme, mais pas chez la femme, dans une pomme, mais pas dans une banane, dans un avion, mais pas dans un bateau. Qui suis-je ?

La lettre « o ».

HAHAHA!

LA DEVINETTE DE TOTO

Pourquoi Toto répond toujours à l'écho ?

Parce qu'il veut toujours avoir le dernier mot...

QUI SUIS-JE ?

Je suis deux dans l'année, tout seul au début de la nuit et absent de tout le jour. Qui suis-je ?

La lettre « n ».

LE COMBLE DE TOTO

Quel est le comble pour un poireau ?

Poireauter.

Pour faire plaisir à son père, Toto a décidé de cirer ses chaussures. Le voilà qui passe la porte d'entrée :
« Aïe ! Je me suis cassé le pied !
– C'est affreux, papa ! Et euh... Est-ce qu'on va te le couper ?
– Bien sûr que non, pourquoi ?
– Ça m'aurait arrangé, je n'aurais eu qu'une seule chaussure à cirer ! »

LE MONSIEUR/MADAME DE TOTO

Monsieur et Madame TOVERSO ont un fils, comment s'appelle-t-il ?

Derek (des recto verso).

« Toto, tu veux voir le portrait qu'un célèbre photographe avait fait de moi, dans ma jeunesse ? demande la mamie de Toto.
– Oh, mamie, la photographie avait déjà été inventée ? »

Au marché, Toto doit acheter du poisson. Comme sa mère lui a dit d'en prendre des frais, il se met à sentir les poissons sur l'étal.
« Dis donc, Toto ! Il est frais, mon poisson ! Allez, de beaux poissons pareils, ça ne te parle pas ?
– Si m'sieur, un peu qu'ils me parlent ! Ils viennent même de me dire que quinze jours sans voir la mer, pour des poissons, ça commence à faire long ! »

LA CHARADE DE TOTO

Mon premier est une partie de la vache.
Mon deuxième est un cousin de la souris.
Mon troisième est la dernière syllabe du mot patate.
Mon tout est un homme qui navigue sur les mers.

Pirate (pie-rat-te).

La maîtresse a demandé à la classe de rendre les devoirs effectués à la maison, et passe dans les rangs pour les ramasser. Arrivée devant Toto, elle lui demande pourquoi il n'a rien à lui remettre.
« Ben, je ne l'ai pas fait, m'dame !
– Et pourquoi Toto ?
– Vous avez dit "devoir à la maison", mais j'habite en appartement, moi ! »

LE MONSIEUR/MADAME DE TOTO

Monsieur et Madame TECOUCHÉHILÉDIZEURDUSOIR ont un fils, comment s'appelle-t-il ?

Phil (file te coucher il est dix heures du soir).

À table, la maman de Toto s'écrie :
« Pourquoi est-ce qu'il y a une aiguille dans mon assiette ?
– C'est normal, papa nous a servi de la sauce piquante ! »

LE COMBLE DE TOTO

Quel est le comble pour un imprimeur ?

Faire bonne impression malgré son mauvais caractère.

LA CHARADE DE TOTO

Mon premier est un déterminant possessif féminin à la troisième personne du singulier.
Mon deuxième est la sixième note de la gamme.
Mon troisième est entre le 1 et le 3.
Mon tout est un légume.

Salade (sa-la-deux).

Un pêcheur croise Toto dans la rue :
« Je reviens de la pêche à la truite !
– Oh ! Et vous en avez attrapé beaucoup ?
– Aucune, hélas !
– Alors comment savez-vous que c'étaient des truites ? »

HAHAHA !

Toto se dispute avec Benjamin dans la cour de récréation.
« Tu es vraiment la personne la plus bête que je connaisse !
– Et toi la personne la plus idiote de la terre ! »
La maîtresse arrive pour les séparer :
« C'est quoi ces disputes ?
Vous semblez oublier que je suis là ! »

HAHAHA !

QUI SUIS-JE ?

Tu me mets pour accélérer mais tu peux aussi me manger. J'effface toutes tes erreurs, à condition d'avoir utilisé le bon outil.
Qui suis-je ?

La gomme.

LA CHARADE DE TOTO

Mon premier est la première lettre de l'alphabet.
Mon second est la troisième note de la gamme.
Mon tout est quelqu'un de proche.

Ami (La-mi).

hihihi !

Toto fait un stage à la pâtisserie. Son amie Justine lui dit :
« Tu as de la chance ! Tu dois pouvoir en manger, des gâteaux !
– Tu parles ! Le pâtissier les compte pour vérifier qu'il n'en manque pas. Alors, je me contente de les lécher. »

hihihi!

« Papa, j'ai eu la meilleure note au cours de biologie !
– Ah oui ?
– La maîtresse a demandé combien un chat avait de pattes et j'ai répondu trois !
– Et tu as eu la meilleure note pour ça ?
– Oui… Les autres avaient répondu deux ! »

Cours de physique :
« Il existe des corps transparents, à travers desquels on peut voir.
Qui peut m'en citer un ? Oui, Toto ?
– Le trou de la serrure, m'dame ! »

QUI SUIS-JE ?

Nous sommes deux, toujours côte à côte, mais ne nous faisons jamais face. Qui sommes-nous ?

Les yeux.

LE MONSIEUR/MADAME DE TOTO

Monsieur et Madame VIÉ ont un fils, comment s'appelle-t-il ?

Jean (janvier).

LA CHARADE DE TOTO

Mon premier se situe entre 999 et 1001.
Mon deuxième est là où on dort.
On marche sur mon troisième.
Mon tout est un soldat.

Militaire (mille-lit-Terre).

LE COMBLE DE TOTO

Quel est le comble pour un lavabo ?

Prendre la fuite quand le plombier arrive.

Toto s'ennuie :
« Je ne sais pas quoi faire, maman. D'un côté, j'ai envie d'aller jouer dehors, mais de l'autre, pas vraiment.
– Tu ne serais pas un peu contradictoire, Toto ?
– Oui et non. »

Deux escargots grimpent sur un très grand mur. Arrivés en haut, un des deux dit : « Eh bien, on en a bavé ! »

LE MONSIEUR/MADAME DE TOTO

Monsieur et Madame PALNORD ont un fils, comment s'appelle-t-il ?

Hubert (il perd pas le nord).

« Dis, Toto, ton chat, c'est un mâle ou une femelle ?
– Un mâle.
– Et comment tu le sais ?
– Facile : il a des moustaches ! »

HAHAHA

« Papa, papa ! Je connais un moyen infaillible pour réduire de moitié toutes tes factures ! Passe-m'en une, tu vas voir. » Le papa de Toto s'exécute en souriant... Et Toto de prendre une paire de ciseaux pour couper la facture en deux !

LE MONSIEUR/MADAME DE TOTO

Monsieur et Madame HONNÊTE ont une fille, comment s'appelle-t-elle ?

Camille (camionnette).

QUI SUIS-JE ?

J'ai des dents, mais je ne mords pas. Qui suis-je ?

Le peigne.

hihihi !

hihihi !

LE MONSIEUR/MADAME DE TOTO

Monsieur et Madame ZEBLUES ont une fille, comment s'appelle-t-elle ?

Agathe (I got the blues).

QUI SUIS-JE ?

Je me vide en me remplissant. Qui suis-je ?

Un sablier.

« Oh, Toto, c'est adorable de vouloir garder ta petite sœur de six mois ! Mais tu n'es pas encore assez grand pour t'occuper d'un bébé !
– Justement, maman, elle se fera moins mal quand je la laisserai tomber ! »

LA CHARADE DE TOTO

Mon premier est la première syllabe du mot éléphant. Le peintre peint sur mon second. Mon tout brille dans le ciel.

Étoile (é-toile).

Dans la cour de récréation, le fils de la directrice raconte une blague. Tout le monde rigole, sauf Toto.
« Tu ne trouves pas ça drôle ? Pourquoi tu ne ris pas ? lui demande-t-on.
– Je ne vais pas me forcer alors que je change d'école dans une semaine », répond Toto.

hihihi!

LE MONSIEUR/MADAME DE TOTO

Monsieur et Madame DANLDÉCOR ont un fils, comment s'appelle-t-il ?

Alphonse (elle fonce dans le décor).

hihihi!

Toto fait une randonnée avec son père, qui tente de lui apprendre à se repérer : « Toto, quand tu as le nord devant toi, l'est à ta droite et l'ouest à t gauche, qu'est-ce que tu as au dos ?
– Euh… Mon sac ? »

Toto a oublié sa tasse de thé à l'étage. Voyant son père qui a ramassé les cendres de la cheminée pour les monter au grenier, il lui demande : « Papa, quand tu auras fini de monter des cendres, tu pourras descendre mon thé ? »

Le papa de Toto annonce à sa maman que des collègues viennent pour dîner. Sa maman demande : « Qu'est-ce qu'on va pouvoir leur préparer à manger ?
– Ça dépend… tu veux qu'ils reviennent, ou pas ? » intervient Toto.

LA CHARADE DE TOTO

Mon premier est la première personne du singulier.
Mon second est le verbe dire, conjugué à la deuxième personne du singulier.
Mon tout est un jour de la semaine.

Jeudi (je-dis).

DEVINETTE DE TOTO

Pourquoi Toto met toujours un verre plein d'eau et un verre vide sur sa table de nuit ?

Pour les nuits où il a soif et celles où il n'a pas soif…

LE COMBLE DE TOTO

Quel est le comble pour un crabe ?

Se faire pincer en flagrant délit.

QUI SUIS-JE ?

Je suis couverte de trous, et malgré tout je retiens l'eau. Qui suis-je ?

Une éponge.

Le père de Toto commente les informations qui passent à la télé :
« Vous vous rendez compte ! Ils veulent envoyer un hamster dans l'espace.
– Ce doit être un hamstéroïde ! » intervient Toto.

« Toto, tu veux bien aller voir si le charcutier a des pieds de cochon ?
– D'accord ! »
Vingt minutes plus tard, Toto revient, dépité :
« Je n'ai pas pu vérifier, il portait des chaussures ! »

LE MONSIEUR/MADAME DE TOTO

Monsieur et Madame TROISJOURS ont un fils, comment s'appelle-t-il ?

Adam (à dans trois jours).

Cours d'histoire en classe.
« Que devient un prince, quand son père le roi meurt ? »
Toto lève le doigt :
« Orphelin ! »

LA DEVINETTE DE TOTO

Quelle est la différence entre une girouette et un horloger ?

La girouette montre les vents, et l'horloger vend les montres.

QUI SUIS-JE ?

Je ne fais pas de bruit quand je me lève et pourtant, rien à faire, je réveille tout le monde.
Qui suis-je ?

Le soleil.

Toto entre dans une bibliothèque et demande un soda, des frites et un burger.
Le bibliothécaire répond :
« Toto, tu es dans une bibliothèque, voyons ! »
Toto répond en chuchotant :
« Un soda, des frites et un burger. »

Toto s'applique à écrire une longue lettre, quand son père arrive dans la pièce. Amusé, celui-ci lui demande :
« Pour qui est cette lettre, Toto ?
– Pour moi…
– Pour toi ? Et qu'est-ce que tu t'écris de beau ?
– Comment veux-tu que je le sache, papa, je ne l'ai pas encore reçue ! »

Un zèbre égaré rencontre un cheval, une poule et un taureau. Il dit à ce dernier :
« Toi, je te reconnais ! Tu es une vache ! »
Le taureau, vexé, lui répond :
« Enlève ton pyjama, tu vas voir ! »

« Toto, je t'avais chargé de remonter le thermostat de la maison… On gèle, ic
– Mais pas du tout, papa, il fait 22 °C !
– Tu te moques de moi ?
– Absolument pas ! Il fait 10 °C dans le salon et 12 °C dans la cuisine ! »

LA CHARADE DE TOTO

Mon premier est la vingtième lettre de l'alphabet.
Mon second est le contraire de plus.
Mon tout est une personne importante dans un mariage.

Témoin (t-moins).

LE MONSIEUR/MADAME DE TOTO

Monsieur et Madame TALDEROCHE ont un fils, comment s'appelle-t-il ?

Chris (cristal de roche).

LA DEVINETTE DE TOTO

Comment appelle-t-on un chien-robot qui n'a plus de piles ?

On ne l'appelle pas, on va le chercher.

**« Papa, est-ce qu'on dit "un sandwich", ou "une sandwich" ?
– Dans le doute, demandes-en toujours deux ! »**

LE COMBLE DE TOTO

Quel est le comble pour un professeur de géographie ?

Voir un fleuve suivre son cours.

QUI SUIS-JE ?

Je fus demain, je serai hier.
Qui suis-je ?

Aujourd'hui.

hihihi !

En voyant sa mère faire la cuisine, Toto s'interroge :
« Maman, si un pruneau, c'est une prune cuite ; un poireau, c'est une poire cuite ? »

LE MONSIEUR/MADAME DE TOTO

Monsieur et Madame DISSONTROMUR ont une fille, comment s'appelle-t-elle ?

Nora (nos radis sont trop mûrs).

**Toto est sur la plage, en vacances. Il admire l'écume, les bateaux, le sable fin… Sa mère lui demande, attendrie :
« Alors Toto, qu'est-ce qui te vient en tête, quand tu regardes la mer ?
– Oh, ça me donne des idées un peu vagues ! »**

LA CHARADE DE TOTO

Mon premier est un grand cri de victoire.
Mes seconds se portent en hiver.
Mon tout est dévastateur.

Ouragan (hourra-gants).

Toto est au lit, il a de la fièvre.
« Mon chéri, lui dit sa mère, hier tu avais 39 °C de fièvre, aujourd'hui, 40…
Si ça continue, tu vas faire griller le thermomètre, ça m'inquiète beaucoup !
– Allons, ne t'en fais pas ! fait Toto.
Je suis sûr que l'on a les moyens de s'offrir un nouveau thermomètre quand même ! »

LE COMBLE DE TOTO

Quel est le comble pour un loup ?

Jouer à saute-mouton.

LA DEVINETTE DE TOTO

Qu'est-ce qui naît grand et meurt petit ?

Une bougie.

hihihi !

La mère de Toto discute avec une amie :
« Mon premier a la grippe, mon deuxième a la roséole, ma troisième a …
– C'est une charade ?
– Mais non ! Je te parle de mes enfants ! »

LE COMBLE DE TOTO

Quel est le comble pour un sous-marin ?

Organiser une journée portes ouvertes.

Toto accompagne son père, qui a décidé d'acheter un nouveau chapeau. Celui-ci en essaie un, et demande au vendeur, devant le miroir :
« Ce chapeau me donne un peu l'air bête, non ?
– C'est pour ça qu'il te va si bien ! » intervient Toto.

LE MONSIEUR/MADAME DE TOTO

Monsieur et Madame TÉRIEUR ont trois fils, comment s'appellent-ils ?

Hilaire, André et Alain (il est rentré à l'intérieur).

LA DEVINETTE DE TOTO

Quel est le fruit qui donne le plus d'énergie ?

La pêche.

« Docteur, c'est la première fois que je mange des huîtres, et ça m'a donné d'épouvantables douleurs d'estomac…
– Ben, ça doit venir du fait qu'elles n'étaient pas fraîches ! Vous auriez dû sentir l'odeur en les ouvrant…
– Ah ! Parce qu'il fallait les ouvrir ? »

Toto emmène Justine sur son vélo, mais il n'a pas l'habitude de conduire à deux !
« Toto, est-ce que tu peux rouler prudemment ? À chaque virage, j'ai peur qu'on tombe !
– Fais comme moi, Justine ! Ferme les yeux ! »

QUI SUIS-JE ?

Je grossis et maigris sans jamais rien manger.
Quelquefois ronde comme un ballon,
quelquefois mince comme un sourire,
je me cache le jour et ne brille que la nuit.
Qui suis-je ?

La lune.

Toto entre dans une pharmacie, et tend une lettre au pharmacien :
« Bonjour monsieur, pourriez-vous me lire cette lettre ? C'est mon grand-frère qui me l'a écrite, mais je n'arrive pas à déchiffrer son écriture, il est médecin… »

hihihi !

Toto, gêné, s'adresse à sa grand-mère :
« Tu sais, mamie, le vase que l'on se transmet de génération en génération…
– Oui, eh bien ?
– Eh bien, ma génération l'a cassé ! »

LE COMBLE DE TOTO

Quel est le comble pour un électricien ?

Ne jamais être au courant de rien.

Une femme se promène dans une galerie d'art. Elle s'arrête devant une œuvre.
« Quelle horreur ! Ne me dites pas que c'est de l'art !
– Non, madame, ça, c'est un miroir… »

LE MONSIEUR/MADAME DE TOTO

Monsieur et Madame ZYEUVER ont un fils, comment s'appelle-t-il ?

Bruno (brune aux yeux verts).

LA DEVINETTE DE TOTO

Qu'est-ce qui a quatre pieds, un dos, mais pas de corps ?

Une chaise.

Qu'est-ce qu'on fait là-dedans ?
On taille les barbes et les moustaches.
BARBIER
Qu'est-ce qu'on fait là-dedans ?
On lave ses affaires quand on n'a pas de lave-linge.
LAVERIE
Qu'est-ce qu'on fait là-dedans ?
On rend la justice !
PALAIS DE JUSTICE
Ah ? Pourquoi ? C'est toi qui l'as volée ?
PALAIS DE JUSTICE

hihihi!

hihihi !

LE COMBLE DE TOTO

Quel est le comble pour un pompier ?

Brûler un stop au volant de sa voiture.

Toto discute avec sa copine Justine à la récré :
« Ce midi, j'ai entendu une tomate chanter !
– N'importe quoi !
– Et pourquoi pas ? On a bien vu des carottes rapper, hier, à la cantine ! »

« Papa, papa ! J'ai une bonne et une mauvaise nouvelle à t'annoncer !
– Oh là là ! Je crains le pire, Toto. Commence par la bonne !
– J'ai eu 10/10 à ma dictée !
– Oh, bravo Toto ! Et la mauvaise nouvelle ?
– Ce n'est pas vrai... »

LA DEVINETTE DE TOTO

Quelles sont les lettres de l'alphabet qu'on ne peut plus utiliser ?

KC (cassé).

Un grand-père questionne son petit-fils :
« Que fais-tu ?
– J'écris une lettre à Julie.
– Mais tu ne sais pas écrire !
– C'est pas grave, elle ne sait pas lire. »

QUI SUIS-JE ?

Il est préférable de m'avoir de son côté et ne jamais me laisser tourner.
Me souhaiter peut permettre de gagner.
Qui suis-je ?

La chance.

LE MONSIEUR/MADAME DE TOTO

Monsieur et Madame MENTOR ont un fils, comment s'appelle-t-il ?

Gérard (j'ai rarement tort).

La maîtresse interroge Toto :
« Cite-moi deux pronoms !
– Qui ? Moi ?
– Très bien ! »

LA CHARADE DE TOTO

Mon premier est une voyelle.
Mon second est une couleur.
Mon tout est une saison.

Hiver (i-vert).

Allô ? Bonjour !
Bonjour... Qui est à l'appareil ?
Ben, c'est moi, Toto !
Oh, pardon, mon chaton, je ne t'avais pas reconnu.
Normal, mamie ! Je me suis fait couper les cheveux !
hihihi !

Deux amis sont au restaurant :
« Eh bien, tu ne manges plus ?
- Non, je surveille mon manteau.
- Pourquoi ?
- Parce qu'on vient de te voler le tien ! »

LA DEVINETTE DE TOTO

Qu'est-ce que tout le monde a, qui augmente, mais ne diminue jamais ?

L'âge.

LA DEVINETTE DE TOTO

Quelles sont les lettres les plus vieilles de l'alphabet ?

AG (âgé).

Devant une énième bêtise de Toto, la maman de celui-ci est au bout du rouleau :
« Toto, ce n'est pas possible, tu ne sais plus quelle bêtise inventer !
– Ah, si, si, j'en connais encore plein ! »

LE MONSIEUR/MADAME DE TOTO

Monsieur et Madame ULTASCOLAIRSONTNULS ont une fille, comment s'appelle-t-elle ?

Thérèse (tes résultats scolaires sont nuls).

Toto est en vacances chez son tonton, et en profite pour plaisanter avec lui :
« Dis tonton, tu connais la blague du petit déjeuner ?
– Non, Toto.
– C'est pas de bol ! »

LE COMBLE DE TOTO

Quel est le comble pour un juge ?

Manger un avocat.

LA CHARADE DE TOTO

Mon premier est la onzième lettre de l'alphabet.
Mon deuxième est la première syllabe du mot maison.
Mon troisième est un prénom masculin.
Mon tout est animal.

Caméléon (k-mai-Léon).

HAHAHA !

À l'école, la maîtresse explique aux enfants que la poule mange des graviers pour faire la coquille de ses œufs.
Un élève lève alors la main :
« Mais alors, madame, ça veut dire que la vache, elle mange du carton pour faire les briques de lait ? »

Dans une boutique de vêtements, une dame demande à une vendeuse :
« Puis-je essayer cette robe dans la vitrine ?
– Vous ne préférez pas l'essayer dans la cabine ? »

La maman de Toto a placé celui-ci dans un taxi pour aller voir sa tante, et lui a donné un billet de 20 euros pour la course. Arrivé à destination, le chauffeur de taxi demande à Toto :
« Et voilà, tu es arrivé ! Ça nous fait 21 euros, mon garçon !
– Ah, zut, je n'ai pas assez d'argent, répond Toto, embêté. Vous ne pourriez pas faire marche arrière sur quelques mètres, s'il vous plaît ? »

LA CHARADE DE TOTO

Mon premier est un animal de la ferme.
Mon second rassemble beaucoup d'animaux.
Mon tout vole dans le ciel.

Oiseau (Oie-zoo).

Monsieur et Madame ENROUTE ont une fille, comment s'appelle-t-elle ?

Mélusine (« mets l'usine en route ! »).

LA DEVINETTE DE TOTO

Quelles sont les lettres que l'on boit au petit déjeuner ?

KKO (cacao).

Toto demande à Justine :
« Tu sais comment on dit "lapin" à un sourd ?
– Non. »
Toto se met alors à crier très fort :
« LAPIN !!! »

LE MONSIEUR/MADAME DE TOTO

Monsieur et Madame DONCTOILABA ont un fils, comment s'appelle-t-il ?

Eddy (eh, dis donc, toi là-bas).

hihihi!

À l'opéra :
« Papa, demande Toto, c'est qui le monsieur qui fait peur à la dame en faisant de grands gestes ?
– Il ne veut pas lui faire peur, c'est le chef d'orchestre.
– Alors pourquoi la dame crie ? »

La maîtresse demande à Toto :
« Conjugue-moi le verbe "dire" au présent. »
Toto ne trouve pas.
Pour l'aider, la maîtresse lui dit :
« Je dis… »
Et Toto de poursuivre, soulagé :
« Vendredi, samedi, dimanche ! »

Toto est en vacances chez sa tante. Elle l'installe dans sa chambre et lui propose de faire son lit. Toto revient avec des planches, un marteau et des clous.
« Mais qu'est-ce que tu fais avec ces outils ?
– Ben, tu m'as dit qu'on allait faire mon lit, je t'ai donc apporté de quoi le construire ! »

Toto explique à sa maîtresse pourquoi il ne peut écrire ses rédactions qu'en étant dans son bain :
« Ben, en fait, quand je suis dans l'eau, j'ai plein d'idées ! Mais, dès que j'en sors, je sèche… »

LE MONSIEUR/MADAME DE TOTO

Monsieur et Madame TIMÈTRES ont un fils, comment s'appelle-t-il ?

Vincent (vingt centimètres).

HAHAHA !

LA CHARADE DE TOTO

Mon premier est un animal
qui fait la roue.
Mon deuxième est le contraire de mou,
à qui on enlève la dernière lettre.
Mon troisième est un article défini.
Mon tout permet d'indiquer l'heure.

Pendule (paon-du-le).

LE COMBLE DE TOTO

Quel est le comble pour un coq ?

Avoir la chair de poule.

HAHAHA!

HAHAHA !

hihihi !

LE COMBLE DE TOTO

Quel est le comble pour un clown ?

Faire pleurer de rire.

LA DEVINETTE DE TOTO

Que portons-nous qui pourtant nous supportent ?

Les chaussures.

Toto demande à son père :
« Papa, pourquoi est-ce qu'on appelle cette mer, la "Manche" ?
– Eh bien, réfléchit son père, sûrement pour bien indiquer qu'il ne s'agit que d'un bras de mer ! »

Toto demande à sa maman :
« Dis, d'où est-ce que j'ai pris mon intelligence ?
– Sans doute de ton père, parce que moi, j'ai encore la mienne ! »

QUI SUIS-JE ?

J'ai des pieds, mais je ne marche pas.
Un dos solide, mais je ne travaille pas.
Deux bras, mais je ne saisis rien.
Une place pour m'asseoir,
sauf que je ne peux pas
le faire. Qui suis-je ?

Un fauteuil.

LE MONSIEUR/MADAME DE TOTO

Monsieur et Madame PLUPERSONNE ont un fils, comment s'appelle-t-il ?

Jonathan (je n'attends plus personne).

hihihi !

LA DEVINETTE DE TOTO

Qu'est-ce qui est lourd, qui ne sait pas nager et qui traverse une rivière ?

Un pont.

QUI SUIS-JE ?

Sur un simple mot, nous nous séparons. Qui sommes-nous ?

Les lèvres.

Toto achète une paire de lacets. Le vendeur lui demande :
« Et avec ça ?
– Bah, avec ça, je vais attacher mes chaussures ! »

LE MONSIEUR/MADAME DE TOTO

Monsieur et Madame JARDIN ont trois filles, comment s'appellent-elles ?

Elsa, Rose et Laure (elles arrosent leur jardin).

Justine aime en secret Toto et décide d'avouer son amour à celui-ci. Elle sonne à sa porte.
« Qui est là ? demande Toto.
– C'est l'amour de ta vie ! ose Justine.
– N'importe quoi ! Le chocolat, ça ne parle même pas ! »

hihih

HAHAHA

Y a quelqu'un ?
Ouais ! Qui est là ?
Je suis un promeneur égaré. Pourriez-vous me dire comment on fait pour redescendre dans la vallée ?
Aucune idée ! Et je ne peux pas ouvrir...
Alors, demande donc à ton père...
Je ne peux pas. Il est sorti quand maman est rentrée.
Bah, demande à ta mère alors.
Maman est sortie quand grand-père est rentré.
Punaise ! Bon demande à ton grand-père de venir alors.
C'est pas possible. Il est sorti quand mon grand frère est rentré.
Bon ! Appelle ton grand frère.
Bah, il est sorti quand je suis rentré.
Bon sang... Vous n'êtes jamais en famille chez vous ?
Ben si, à la maison mais pas ici ! Ici, c'est les toilettes !

LA CHARADE DE TOTO

Mon premier est le trou de l'aiguille.
Mon second est ce qui recouvre notre corps.
Mon tout protège du soleil.

Chapeau (chas-peau).

Deux aventuriers se promènent dans la savane.
Ils se retrouvent face à un lion.
« Oh écoute, il ronronne, c'est mignon !
– Euh, je crois plutôt que ce sont les gargouillis d'un estomac vide ! »

Dans le train, Toto hisse une énorme valise juste au-dessus d'un voyageur qui s'inquiète :
« Dis donc, fais attention avec ta valise, elle pourrait tomber !
– Oh, ne vous inquiétez pas m'sieur, il n'y a rien de fragile dedans ! »

LA CHARADE DE TOTO

Mon premier est un déterminant possessif pluriel.
Mon deuxième est un verbe du 3e groupe conjugué à la 3e personne du singulier.
Mon troisième est la planète où l'on vit.
Mon quatrième est composé en général de 365 jours.
Mon cinquième est une partie du visage.
Mon tout est une mer.

Méditerranée (mes-dit-Terre-an-nez).

LE COMBLE DE TOTO

Quel est le comble pour un prof de musique ?

Mettre des mauvaises notes à ses élèves.

LA DEVINETTE DE TOTO

Un poirier a 40 branches.
Sur chaque branche il y a 20 pommes.
Combien y a-t-il de pommes ?

Aucune ! Un poirier ne donne pas de pommes.

Il est fort ce conducteur !
Pourquoi ?
Je ne sais pas comment il fait pour viser les tunnels, mais il ne les rate jamais !

HAHAHA !

LE MONSIEUR/MADAME DE TOTO

Monsieur et Madame LANUIGÉFROI ont une fille, comment s'appelle-t-elle ?

Sandra (sans drap, la nuit, j'ai froid).

LE COMBLE DE TOTO

Quel est le comble pour une araignée peintre ?

Tisser sa toile.

LA CHARADE DE TOTO

Mon premier est un animal avec des griffes.
Mon deuxième est le contraire de tard.
Mon troisième est une partie du tracteur.
Mon tout est une ville de France.

Châteauroux (chat-tôt-roue).

La tante de Toto est venue prendre le thé. Pour rendre service, Toto lui apporte une tasse de thé brûlante.
« Voyons, Toto, tu as oublié la cuillère ! Je ne peux pas remuer mon thé avec le doigt ! »
Toto remporte la tasse et revient de la cuisine avec une autre :
« Tiens tata, ce thé est tout juste tiède. Aucun risque que tu te brûles le doigt comme ça ! »

LA DEVINETTE DE TOTO

Comment s'appellent deux squelettes qui se parlent ?

Des os parleurs (haut-parleurs).

hihihi !

LA DEVINETTE DE TOTO

Quelle table n'a pas de pieds ?

La table de multiplication.

« Maman, pourquoi on est en colère pendant les vacances ? demande Toto.
– Mais non, Toto, en général on est plutôt détendu pendant les vacances.
– Mais c'est toi qui parles toujours de la colère des vacances, insiste Toto, j'invente pas, tu parles tout le temps des vacances-colère. »

LE MONSIEUR/MADAME DE TOTO

Monsieur et Madame LUNETTESPOURMIEUXVOIR ont un fils, comment s'appelle-t-il ?

Amédée (mets des lunettes pour mieux voir).

La remplaçante de la maîtresse de Toto dit à celui-ci :
« Dis donc toi, le petit blond aux yeux bleus, tu ne dois rien entendre de ce que je dis puisque tu n'arrêtes pas de bavarder. Rappelle-moi ton prénom ?
– Je m'appelle Toto, ça fait trois fois que je vous le dis, et vous ne l'avez toujours pas retenu. Moi, je sais que vous vous appelez Blanche. Alors, vous pouvez me dire qui c'est qui n'écoute pas, hein ? »

QUI SUIS-JE ?

Je ne cesse de réfléchir mais ne trouve jamais la réponse. Qui suis-je ?

Le miroir.

HAHAHA !

LE COMBLE DE TOTO

Quel est le comble pour un marin ?

Avoir le nez qui coule.

Toto annonce à son papa :
« Papa, quand je serai grand, je veux être comme toi...
– Oh ! Ça me touche beaucoup, Toto, merci »,
dit son papa ému avant que Toto ne rajoute :
« ... mais avec des muscles ! »

LA CHARADE DE TOTO

Mon premier est le mâle de la poule.
On utilise mon deuxième pour couper le bois.
Mon troisième est la quatorzième lettre de l'alphabet.
Mon quatrième aide les oiseaux à voler.
Mon tout est un insecte souvent appelé « la bête à bon Dieu ».

Coccinelle (Coq-scie-N-ailes).

Toto tourne autour d'un verre d'eau posé par terre en fredonnant :
« Quatre, quatre, quatre, quatre, quatre... »
Kévin arrive et lui demande :
« Tu fais quoi, Toto ?
– Quatre, quatre, quatre, quatre...
– Toto ? Je te parle ! »
Toto saisit alors le verre d'eau et éclabousse Kévin !
Il se remet alors à tourner en fredonnant :
« Cinq, cinq, cinq, cinq... »

LA CHARADE DE TOTO

Mon premier est la totalité.
Mon second est une question de temps.
Mon tout est un oiseau à gros bec.

Toucan (tout-quand).

LE COMBLE DE TOTO

Quel est le comble pour un pilote d'avion ?

Avoir la tête dans les nuages.

LA DEVINETTE DE TOTO

Quels sont les chiffres préférés de la poule ?

7, 1, 9 (c'est un œuf).

La petite sœur de Toto regarde un concours de danse, et demande : « Papa, pourquoi ils ne prennent pas des danseuses plus grandes, au lieu de les mettre sur la pointe des pieds ? »

LE MONSIEUR/MADAME DE TOTO

Monsieur et Madame DERIRE ont un fils, comment s'appelle-t-il ?

Nestor (Ness s'tord de rire).

hihihi !

Toto entre dans une boulangerie miteuse, et demande au boulanger : « Je voudrais des bonbons, que me recommandez-vous, en toute confiance ? – Une autre boulangerie, Toto. »

1, 2, 3, 4, 5...
425, 426, 427, 428...
695, 696, 697, 698, 699...
795, 796, 797, 798, 799...
995, 996, 997, 998, 999...
Au secours, il y a un mille-pattes dans les toilettes !

Toto arrive à l'école
un lundi matin.
La maîtresse demande :
« Toto, où est ton devoir de maths ?
– Il a fugué, maîtresse.
– Comment ça ? demande
celle-ci, interloquée.
– Il avait trop de problèmes... »

LA CHARADE DE TOTO

Mon premier adore les souris.
Mon deuxième déteste les chats.
Mon troisième est la somme de 1 + 1.
Mon tout amuse petits et grands.

Charade (chat-rat-deux).

Le père de Toto demande à son fils :
« Toto, quel portable préfères-tu ?
Un Ipomme X ou un Samsoule Galaxie 9 ?
– Oooh papa ! J'ai toujours rêvé
d'un Samsoule Galaxie ! Merci, merci !
– C'est moi qui te remercie,
je choisissais un portable pour ta sœur ! »

LA CHARADE DE TOTO

Mon premier est
un métal précieux.
Mon second se trouve
dans les cieux.
Mon tout est
un fruit délicieux.

Orange (or-ange).

La maîtresse s'approche de Toto :
« Dis moi, Toto, que peux-tu me
dire sur Albert Einstein ?
– Euh... Sur Albert, pas grand-chose,
mais je connais super bien l'histoire
de son frère, Franck. »

QUI SUIS-JE ?

Pour moi, l'accouchement vient avant la grossesse,
l'enfance avant la naissance, l'adolescence avant
l'enfance, la mort avant la vie. Qui suis-je ?

Le dictionnaire.

HAHAHA !

HAHAHA !

hihihi !

Un cirque s'installe dans un village. Les enfants se précipitent pour voir les animaux. Le gardien leur dit : « Doucement, ne vous approchez pas trop près de la cage du lion, les enfants ! » Un gamin hausse les épaules : « Pfff, on ne va pas le manger votre lion ! »

En classe :
« Qu'est-ce qui a causé la fin de la guerre froide ? »
Toto lève le doigt :
« Euh, le réchauffement climatique ? »

LE COMBLE DE TOTO

Quel est le comble pour un fleuriste ?

Se faire envoyer sur les roses.

LE MONSIEUR/MADAME DE TOTO

Monsieur et Madame TAGNEILNEPLEUJAMÉCÉTUNELÉGENDE ont une fille, comment s'appelle-t-elle ?

Ambre (en Bretagne, il ne pleut jamais, c'est une légende).

HAHAHA !

À table, le papa de Toto demande à son fils :
« Mais pourquoi mets-tu des gants pour passer à table ?
– Cela m'évite de me laver les mains, papa ! »

Toto marche dans la rue avec sa maman.
« Toto, pourquoi as-tu tiré la langue à ce monsieur ? C'est très impoli !
– Mais non maman, t'inquiète, lui ne se fâche jamais pour ça, c'est le docteur ! »

Toto demande à son père : « Papa, tu es capable d'écrire dans le noir ?
– Oui, bien sûr, dit fièrement son papa.
– Alors prouve-le moi en signant mon bulletin de notes ! »

Toto demande à son ami : « Qu'est-ce qui est capable de monter en haut d'un arbre de trente mètres, mais qui se noie dans un verre d'eau ? Une fourmi ! »

HAHAHA!

Toto, tu vas où pendant les vacances de février ?
Je vais en vacances chez mon grand-oncle.
C'est quoi un grand-oncle ?
Ben, c'est un oncle d'occasion... Il a déjà servi aux parents !

LA DEVINETTE DE TOTO

Que dit un légume qui en a marre ?

Salsifis maintenant !

Toto va voir son père et lui demande : « Dis papa, il avait quel âge le Petit Robert quand il a écrit son dictionnaire ? »

LE COMBLE DE TOTO

Quel est le comble pour un chien ?

Donner sa langue au chat.

LE MONSIEUR/MADAME DE TOTO

Monsieur et Madame NANA ont un fils, comment s'appelle-t-il ?

Juda (jus d'ananas).

« Tu ne manges pas, Toto ? demande sa maman.
– Je n'ai pas faim. Je viens juste de manger tous les raisins qui étaient sur le papier tue-mouches ! »

Dans la cour de récré, Toto, Justine et Moussa évoquent leurs grands-parents.
« Moi, dit Justine, mon papi, il fait de la photo !
- Moi, dit Moussa, mon grand-père fait des mots croisés !
- Et moi, dit Toto, mon pépé est dans la recherche !
- Ah bon ?
- Oui, il passe son temps à chercher ses lunettes, ses clés, ses chaussures… »

« Mais maman, je n'ai pas cassé ton vase, je l'ai juste fait tomber par inadvertance.
- Très bien Toto, dans ce cas, tu ne seras pas puni tout une semaine, mais seulement sept jours ! »

QUI SUIS-JE ?

Je peux être de mains, de porte ou de fenêtre. Appuie-toi sur moi et je t'ouvrirai le passage. Qui suis-je ?

La poignée.

Toto n'a pas l'air bien.
Sa mère lui demande ce qu'il a :
« Beuh, on jouait avec Justine
à qui mangerait le plus de bonbons
et j'ai gagné... »

La maîtresse explique aux élèves :
« Si nous tenons debout, c'est grâce
à la loi de la gravitation. »
Toto l'interrompt :
« Mais alors, m'dame, comment faisaient
les gens avant que la loi ne soit votée ? »

Chez le dentiste :
« De quel côté manges-tu, habituellement, Toto ?
– Euh, du côté de la cantine, pourquoi,
vous voulez m'inviter à déjeuner ? »

LE MONSIEUR/MADAME DE TOTO

Monsieur et Madame BON ont un fils, comment s'appelle-t-il ?

Jean (Jambon).

Toto demande à un camarade :
« Comment appelle-t-on
les petits d'une oie ?
– Les noisettes. »

LE COMBLE DE TOTO

Quel est le comble pour un cordonnier ?

Avoir les dents qui se déchaussent.

QUI SUIS-JE ?

Je ne marche pas, je ne vole pas,
je ne nage pas, pourtant on ne peut
me retenir plus de quelques minutes.
Qui suis-je ?

La respiration.

Justine, la copine de Toto, va avoir un nouveau vélo. Elle en profite pour lui demander :
« Toto, c'était quoi le plus dur, quand tu as appris à faire du vélo en ville ?
– Les poubelles ! »

LE MONSIEUR/MADAME DE TOTO

Monsieur et Madame MARIE ont un fils, comment s'appelle-t-il ?

Aubin (au bain-marie).

Toto visite le musée du Louvre avec sa classe. Il tombe devant une momie égyptienne entourée de bandelettes.
« Qu'est-ce que ça veut dire, 1564 av. J.-C. ? demande un ami de Toto.
– Oh, répond Toto, c'est sans doute le numéro d'immatriculation de la voiture qui l'a renversée ! »

À l'école, le papa de Toto demande à la maîtresse :
« Trouvez-vous que mon fils me ressemble ?
– Oui, mais c'est pas grave, l'essentiel, c'est qu'il soit en bonne santé. »

LA CHARADE DE TOTO

Mon premier est une voyelle.
Mon second fait peur lorsqu'on le dit par surprise.
Mon tout est un oiseau de nuit.

Hibou (i-bouh).

LA DEVINETTE DE TOTO

Deux mères et deux filles achètent chacune un croissant et ressortent de la boulangerie avec trois croissants. Pourquoi ?

Parce qu'il y a la grand-mère, la mère et la fille.

hihihi !

LA DEVINETTE DE TOTO

Qu'est-ce qui a deux branches mais pas de feuilles ?

Des lunettes.

À l'école :
« Toto, conjugue-moi au présent la phrase "le voleur a été arrêté hier".
– Ben… il est en prison, m'dame ! »

hihihi !

En classe :
« Toto, quelles furent les dernières paroles de Jules César ?
– Euh… Donnez mon nom à une salade ? »

À la cantine, Toto arrive avec son plateau pour se faire servir :
« Bonjour madame, je voudrais un steak "oiseau", s'il vous plaît !
– C'est-à-dire ?
– Je le voudrais "cuit-cuit" ! »

LE MONSIEUR/MADAME DE TOTO

Monsieur et Madame CHETTE ont une fille, comment s'appelle t-elle ?

Barbie (Barbichette).

hihihi ! hihihi !

hihihi !

« Toto, arrête de me répondre sur ce ton ! N'oublie pas que je suis ta mère, hein !
– Oui, maman, c'est bon, pas la peine de t'en vanter tout le temps ! »

LE COMBLE DE TOTO

Quel est le comble pour deux guitares ?

Ne pas arriver à se mettre d'accord.

QUI SUIS-JE ?

Plus je suis vieux,
plus je suis fort.
Qui suis-je ?

Le fromage.

LA CHARADE DE TOTO

Mon premier est un oiseau au long cou.
Mon second aussi.
Mon troisième n'est pas grand.
Mon quatrième est une empreinte de pied au sol.
Ma cinquième est la tienne.
Mon sixième produit un œuf.
Mon tout est extrait d'une comptine.

Et rond, et rond, petit patapon
(héron-héron-petit-pas-ta-pond).

Toto demande l'heure à son père :
« Dans dix minutes, il sera midi pile, Toto !
– Mais, je veux connaître l'heure actuelle, pas celle dans dix minutes ! »

LE COMBLE DE TOTO

Quel est le comble pour un chien de chasse ?

Poser un lapin à son maître.

hihihi !

« Toto, comment as-tu pu dire à tata Raymonde qu'elle était bête ? Va vite lui dire que tu regrettes ! » Toto va voir sa tante en pleurnichant : « Désolé, tata, je regrette que tu sois si bête ! »

QUI SUIS-JE ?

Quand je marche, je ne dois pas avancer. Je peux m'arrêter, même si je ne bouge pas. Bien que je ne descende jamais, il faut toujours me remonter. Qui suis-je ?

Une pendule.

HAHAHA !

Toto rentre de l'école avec son carnet :
« Tu commences bien l'année, Toto… Ton carnet du premier trimestre est plein de mauvaises notes !
– Voyons papa, si tout était parfait, comment je ferais pour progresser ? »

La maman de Toto se fâche :
« Je viens d'avoir la voisine au téléphone. Elle m'a dit qu'elle t'avait offert une part de gâteau pour le goûter, et tout ce que tu trouves à faire pour la remercier, c'est de jeter une pierre sur ses carreaux ?
– Mais maman, ce n'était pas une pierre, c'était son gâteau ! »

Une dame entre dans un magasin :
« Bonjour, monsieur, je voudrais du shampoing.
– Pour quel type de cheveux ?
– Pour cheveux sales ! »

LE MONSIEUR/MADAME DE TOTO

Monsieur et Madame LESMOUTONS ont une fille, comment s'appelle-t-elle ?

Campbell (quand bêlent les moutons).

LA DEVINETTE DE TOTO

Quels sont les deux animaux les plus intelligents ?

Le cerf et le veau (cerveau).

« Sais-tu ce que les avaleurs de sabres mangent au petit déjeuner ? demande Toto à Arthur.
– Non ?
– Des canifs ! »

Toto doit rejoindre ses parents qui l'attendent à la plage. Il leur téléphone :
« Allô, maman ? Vous êtes où ?
– Sur la plage, Toto, juste devant la mer !
– C'est vague ! »

Le père de Toto se fâche :
« Sache, Toto, que dans cette maison, c'est moi qui commande ! »
Puis il ajoute, inquiet :
« Surtout, pas de gaffe. Ne va pas répéter à ta maman que je t'ai dit cela… »

LE MONSIEUR/MADAME DE TOTO

Monsieur et Madame BOMBEUR ont un fils, comment s'appelle-t-il ?

Jean (Jambon-beurre).

Toto dit au marchand de fruits et légumes :
« Je voudrais une douzaine de bananes.
– Tu les aimes tant que ça ?
– Non pas tellement, avoue Toto. Mais j'ai reçu en cadeau une panoplie de petit infirmier et, en jetant une douzaine de peaux de banane sur le trottoir, j'ai une chance de pouvoir l'inaugurer. »

« Maman, les chats miaulent quand on les chatouille ?
– Oui, Toto.
– Ah ! bien… Alors les chiens, eux, ils aboient quand on les chientouille ? »

LA CHARADE DE TOTO

Mon premier se fait avec un ballon.
Mon second est une partie d'un bateau.
Mon tout est un prénom qui a pour origine Pâques.

Pascal (passe-cale).

Bon anniversaire, Toto !
Bon anniversaire, Toto !
Sans les mains !
CLAP CLAP CLAP
CLAP
Sans les pieds !
CLAP
CLAP
CLAP CLAP CLAP
Fens les dents.
CROUIC CROUIC

LA CHARADE DE TOTO

Mon premier peut se faire par ordre alphabétique.
Mon second est un coin.
Mon tout est un instrument de musique.

Triangle (tri-angle).

LE MONSIEUR/MADAME DE TOTO

Monsieur et Madame PAMAMOB ont un fils, comment s'appelle-t-il ?

Adémar (elle démarre pas ma mob).

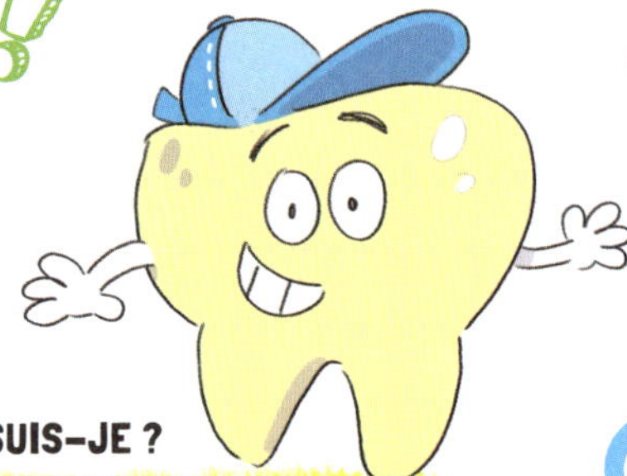

LA DEVINETTE DE TOTO

Comment appelle-t-on un chien qui sait réparer les appareils électriques ?

Un électrichien.

QUI SUIS-JE ?

J'ai des dents, et tu me mets entre tes dents.
Qui suis-je ?

Une fourchette.

« Maman, maman, est-ce qu'une olive noire ça a des pattes ?
– Bien sûr que non, Toto !
– Gloups, je crois que j'ai mangé un cafard alors ! »

Toto rentre du jardin où il était en train de jouer avec son lance-pierres :
« Papa ! Maman… vous qui vous demandiez quand vous alliez faire connaissance avec les nouveaux voisins, je peux vous dire que c'est dans deux minutes. »

Le père de Toto demande :
« Dis-moi Toto, il y avait deux parts de gâteau dans le frigo, peux-tu m'expliquer pourquoi il n'en reste qu'une seule ?
– Ah, j'avais pas vu qu'il y en avait deux ! »

Toto, qu'y a-t-il au-dessus du millilitre ?
Le centilitre !
Très bien, Toto. Et qu'y a-t-il au-dessus du centilitre ?
Le décilitre !
Super, Toto. Et qu'y a-t-il au-dessus du décilitre ?
Le litre !
Parfait ! Et au-dessus du litre ?
Euh... le bouchon ?

HAHAHA!

LE MONSIEUR/MADAME DE TOTO

Monsieur et Madame HOCHET ont un fils, comment s'appelle-t-il ?

Rick (ricochet).

QUI SUIS-JE ?

Je contiens du sucre mais je ne suis pas sucré. Qui suis-je ?

Un sucrier.

LA CHARADE DE TOTO

Mon premier est une note de musique.
Mon second est un arbre.
Mon tout est un animal.

Lapin (La-pin).

Pendant une interrogation au tableau en classe :
« Toto, peux-tu me dire ce qui provoque la transpiration chez l'homme ?
– Euh, vos questions, madame ! »

« Toto, interroge la maîtresse, peux-tu me dire ce qu'est une autobiographie ?
– C'est une histoire de voiture ! »

Toto est à table avec ses parents.
« Maman ! Il...
– Chut Toto, on ne parle pas à table. »
À la fin du repas, la maman de Toto lui dit :
« Voilà, maintenant, tu peux parler.
– Trop tard, je voulais te dire qu'il y avait un asticot dans ta salade... »

LE COMBLE DE TOTO

Quel est le comble pour un pêcheur ?

Faire une queue de poisson.

Le père de Toto annonce à son fils qu'il va bientôt avoir un petit frère.
« Trop cool ! Merci, papa ! Je cours l'annoncer à maman ! »

Toto et sa petite sœur sont vraiment épuisants pour leur pauvre maman. Un jour, Toto lui demande :
« Maman, maman, tu voudras quoi pour ton anniversaire ?
– Deux enfants sages ! répond la mère, fatiguée.
– Ah super ! s'écrie Toto. On va être 4 à la maison, on va bien se marrer ! »

hihihi!

hihihi!

Toto et sa maman sont à une réception chic, où l'on sert de nombreux petits fours et canapés. La maman de Toto retrouve celui-ci avec une assiette remplie de gourmandises et lui dit :
« Toto, c'est la sixième assiette que tu vas chercher ! Que vont penser les gens ?
– Ne t'en fais pas, maman. À chaque fois, je dis que c'est pour toi ! »

Dans une patinoire, Toto regarde une personne qui a le hoquet tomber à plusieurs reprises. À chaque hoquet, le pauvre patineur perd l'équilibre. Toto s'écrie :
« Je savais bien que c'était dangereux, le hockey sur glace ! »

Toto va voir sa maman.
« Maman, Maman…
je me suis fait mal !
– Où ça ?
– Là-bas ! »

LE MONSIEUR/MADAME DE TOTO

Monsieur et Madame ROBE ont un fils, comment s'appelle-t-il ?

Mick (microbe).

La maîtresse demande à la classe :
« Que s'est-il passé en 1111 ?
– L'invasion des Huns, m'dame ! » répond Toto.

Toto est au restaurant avec sa maman. Celle-ci a remarqué que la viande de son fils était beaucoup trop cuite.
« Garçon ! s'écrie-t-elle. Ce steak est immangeable ! Appelez-moi le patron !
– Tu sais maman, je pense qu'il n'y arrivera pas lui non plus ! » intervient Toto.

QUI SUIS-JE ?

J'ai des rivières sans eau, des forêts sans arbres, des montagnes sans pierres et des villes sans personne. Qui suis-je ?

Une carte.

LA DEVINETTE DE TOTO

Quel est l'oiseau qui passe son temps à dire bonjour ?

Le coucou.

La maîtresse demande à Toto : « C'est quoi la légitime défense ? – C'est quand mes notes sont tellement mauvaises que je suis obligé de signer moi-même mon carnet. »

« Toto, tu as changé l'eau du poisson ?
— Non, il n'avait pas tout bu encore ! »

QUI SUIS-JE ?

Je suis capricieuse : j'ai un lit, mais jamais je ne me couche. Qui suis-je ?

Une rivière.

LA DEVINETTE DE TOTO

Pourquoi les plongeurs en mer, assis sur le rebord du bateau, plongent-ils en arrière pour se jeter à l'eau ?

Parce que s'ils plongeaient en avant, ils se cogneraient sur le pont du bateau !

hihihi !

LE COMBLE DE TOTO

Quel est le comble pour une chips ?

Ne pas avoir la frite !

Toto regarde en famille un documentaire sur les éléphants. Il se pose plein de questions :
« Dites, pourquoi les éléphants sont si ridés ?
– Sûrement parce que personne n'a jamais réussi à les repasser », répond son père.

Toto rend visite à son grand-père.
Celui-ci est très strict et lui dit :
« Toto, ne mets pas tes pieds sur le fauteuil, tu vas le salir !
– Pourtant tu y mets bien ton derrière ! »

La maîtresse demande à Toto :
« L'année dernière, tu étais le premier en maths ! Et là, c'est à peine si tu as la moyenne. Qu'est-ce qui se passe ?
– Papa n'arrive plus à suivre, m'dame ! »

Toto se promène lorsqu'il arrive devant un peintre qui a installé son chevalet.
« Vous ne peignez que des paysages, monsieur ? demande Toto poliment.
– Oui fiston ! Aucun arbre ne s'est jamais plaint qu'il n'était pas ressemblant ! »

LA CHARADE DE TOTO

Mon premier est une partie d'un bateau.
Mon deuxième est une boisson chaude.
Mon troisième est mon premier.
Mon quatrième suce le sang.
Mon tout est une matière étudiée à l'école.

Mathématiques (mât-thé-mât-tique).

LE MONSIEUR/MADAME DE TOTO

Monsieur et Madame PESTE ont un fils, comment s'appelle-t-il ?

Jean (j'empeste).

hihihi

LE MONSIEUR/MADAME DE TOTO

Monsieur et Madame **FONFEK** ont une fille, comment s'appelle-t-elle ?

Sophie (saucisson sec).

LA CHARADE DE TOTO

Mon premier a dévoré le petit chaperon rouge.
Mon deuxième se réalise parfois.
Mon troisième n'est pas tard
Mon tout est le petit de mon premier.

Louveteau (loup-vœu-tôt).

LE COMBLE DE TOTO

Quel est le comble pour un poisson-lune ?

Prendre un coup de soleil.

QUI SUIS-JE ?

Je n'ai qu'une couleur, mais mille formes. Collée au sol, je m'envole. Je suis le soleil, mais m'évade la nuit et jamais ne souffre d'être piétinée. Qui suis-je ?

L'ombre.

HAHAHA !

Rien de grave. Il lui faut juste un peu de compagnie.
Ah, d'accord, je vais le mettre dans ma chambre pour qu'il ne soit plus seul.
Oui, mais il y a l'odeur !
Ah, ça ? Il va falloir qu'il s'y fasse !

hihihi !

58, rue Jean Bleuzen – 92178 Vanves Cedex.
Dépôt légal : octobre 2020 – Édition 01.
Achevé d'imprimer en Espagne par Macrolibros en octobre 2020.
Loi n° 49-956 du 16 juillet 1949 sur les publications destinées à la jeunesse.

PAPIER À BASE DE FIBRES CERTIFIÉES

Deux Coqs d'Or s'engage pour l'environnement en réduisant l'empreinte carbone de ses livres. Celle de cet exemplaire est de :
1500 g éq. CO_2
Rendez-vous sur www.deux-coqs-dor-durable.fr

Pour encore plus de fous rires,
découvre aussi...

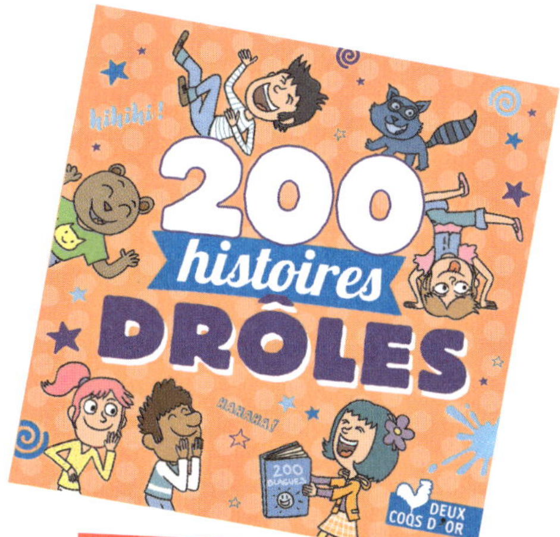

HAHAHA!